LES

CONSEILLERS DU GRAND ROI

COLBERT — LOUVOIS — VAUBAN

Deuxième série. — Format grand in-8°.

POITIERS. — TYPOGRAPHIE OUDIN.

Colbert.

NOUVELLE BIBLIOTHÈQUE DE VULGARISATION

LES CONSEILLERS

DU

GRAND ROI

COLBERT — LOUVOIS — VAUBAN

PAR

A. MERCHIER

ANCIEN ÉLÈVE DE LA FACULTÉ DES LETTRES DE PARIS
PROFESSEUR AGRÉGÉ D'HISTOIRE AU LYCÉE DE LILLE

UN VOLUME ORNÉ DE NOMBREUSES ILLUSTRATIONS

PARIS

H. LECÈNE ET H. OUDIN, ÉDITEURS
17, RUE BONAPARTE, 17

1889

A LA MÉMOIRE

DE MON BEAU-PÈRE

FÉLIX CADET

INSPECTEUR GÉNÉRAL DE L'ENSEIGNEMENT PRIMAIRE.

A. M.

AVANT-PROPOS

Ceci est avant tout un livre de vulgarisation.

Trop souvent on se contente de savoir ce qu'enseignent les précis d'histoire. On sait que Colbert fut un admirable ministre des finances et Louvois le véritable créateur de l'armée française. On ne va pas plus loin.

Pourtant les bons livres ne manquent pas.

Pour Colbert, on a l'excellent travail de M. Pierre Clément, sans parler des études de M. Joubleau.

Pour Louvois, on a l'œuvre magistrale de M. Camille Rousset.

Mais ces ouvrages de longue haleine ne sont pas accessibles à tous les lecteurs.

Je me suis proposé de retracer dans cet ouvrage la vie des deux grands ministres de Louis XIV d'une façon plus brève, et en quelque sorte plus scolaire.

Un pamphlétaire du XVII siècle a écrit : « Le roi veut paraître tout faire ; si on l'en croit, il ne se laisse pas gouverner, et jamais il n'y eut au monde prince plus esclave de ses ministres (1). »*

Cela est vrai. Il suffisait à Louis XIV de se croire le maître.

« Lorsqu'un secrétaire d'État arrivait pour le travail à l'heure

(1) Soupirs de la France esclave, 5ᵉ Mémoire.

indiquée, son sac rempli de dossiers et de dépêches, il avait eu soin de laisser dans chaque espèce un point sans importance à résoudre, dans chaque dépêche un ou deux mots à suppléer ou à changer. Le secrétaire d'État suggérait, le roi résolvait et signait. On peut dire que dans son gouvernement Louis XIV eut surtout le ministère de la signature. »

M. Camille Rousset a ainsi tracé de main de maître le rôle de Louis XIV. Colbert et Louvois ont été les principaux artisans de la grandeur du règne. Dans une situation plus effacée, Vauban ne fut pas non plus sans influence.

Colbert, Louvois, Vauban résument la période brillante du règne de Louis XIV.

A. M.

COLBERT

LES
CONSEILLERS DU GRAND ROI

CHAPITRE PREMIER.

LES DÉBUTS D'UN FUTUR MINISTRE.

Jean-Baptiste Colbert naquit en 1619. Sa mère, Marie Pussort, était une bonne bourgeoise. On montre encore à Reims la maison où Nicolas Colbert, son père, tenait boutique de draps, à l'enseigne du *Long vêtu*.

Un de ses oncles, Odart Colbert, s'était enrichi dans le commerce des draps et étamines au point d'acheter en 1612 une charge de secrétaire du roi. C'était une sinécure conférant la noblesse héréditaire, une *savonnette à vilain,* comme on disait dédaigneusement au XVIII siècle. L'oncle devint un Colbert de Saint-Pouenge. Cette noblesse de fraîche date ne s'étendait pas jusqu'à la famille du futur ministre.

Lui-même reçut une éducation conforme à son rang. Il ignorait les humanités ou du moins ne les apprit que fort tard, lorsqu'il était déjà ministre (1).

(1) Mémoires de Choisy, t. I, pages 115 et 121.

De bonne heure, on l'envoya à Paris pour apprendre « la marchandise ». On le retrouve peu après à Lyon. Il ne semble pas avoir témoigné de grandes aptitudes pour le négoce, car il revient à Paris pour être clerc de notaire. De là il passe chez un procureur au Châtelet, puis il devient commis chez un trésorier du nom de Sabathier (1).

Il avait déjà trente et un ans, et menaçait de végéter longtemps encore dans ces emplois obscurs, lorsqu'un de ses cousins, un Colbert de Saint-Pouenge, le fit entrer comme commis chez Michel Letellier dont il était le beau-frère. Ce Michel Letellier, dont nous parlerons ailleurs (2), parti de très bas, était devenu une manière de personnage. Son influence allait toujours grandir. Doué d'une grande pénétration, il remarqua bien vite l'assiduité et l'exactitude de son commis.

Aussi l'employait-il aux missions les plus délicates. Un jour, il le chargea de porter à Sedan une lettre de la reine-mère pour la remettre à Mazarin, mais avec recommandation expresse de la rapporter. Le rusé cardinal, après avoir pris connaissance de la missive, remit au lendemain de rendre réponse. Il confia alors au jeune messager un pli cacheté que celui-ci décacheta immédiatement, disant pour son excuse : « que comme il avait été fermé par un des secrétaires de Son Éminence, il pouvait avoir oublié d'y mettre la lettre de la reine. » Elle n'y était point en effet. Mazarin s'excusa fort et le pria de revenir le lendemain ; mais il s'arrangea de façon à

(1) Sandras de Courtilz, Vie de Colbert, page 3. (Utrecht, 1695.) Il convient d'ajouter que cette source est parfois suspecte.
(2) Voir le début de la Vie de Louvois.

être absent quand se présenta le secrétaire. Celui-ci ne se lassa point, et, vaincu par sa constance, Mazarin lui remit enfin la lettre, « que Colbert examina de tous côtés pour voir si c'était là même, et sans s'étonner de ce que le ministre lui demanda s'il le croyait capable de supposer un papier pour un autre » (1).

A quelque temps de là, Mazarin demanda à Letellier de lui procurer un homme de confiance. Letellier crut ne pouvoir mieux faire que de lui présenter Colbert, qui ne s'était pas vanté de ses rapports avec le ministre. Mazarin le reconnut fort bien ; mais, loin de lui en vouloir, il le reçut avec plaisir, lui demandant seulement le même zèle et la même fidélité qu'il avait témoignés à son protecteur.

C'est ainsi que Colbert devint l'intendant de Mazarin. Il déploya dans ces délicates fonctions l'esprit d'ordre et de probité qu'il devait apporter plus tard dans les affaires du roi. Aussi prit-il sur le ministre une légitime influence dont il sut se servir pour sa propre fortune. On le voit épouser Marie Charon, fille de Jacques Charon, qui, de tonnelier et courtier en vins, était devenu trésorier de l'extraordinaire des guerres et propriétaire d'une grosse fortune. Charon avait des visées plus hautes pour sa fille. Il céda cependant, afin de s'exempter d'une lourde taxe qu'on voulait sans cela lui faire payer.

On ne sait si Mazarin donnait de beaux gages à son intendant. Cela paraît peu probable quand on connaît le caractère de l'Eminence. Une lettre de Colbert publiée à grand fracas

(1) Sandras de Courtilz, Vie de Colbert, page 4. *Supposer* a ici le sens de *remplacer*, comme l'usage l'autorisait au XVIIe siècle.

en avril 1655 affirme pourtant le contraire : la publicité donnée
à cette lettre est précisément un motif pour douter de sa sin-
cérité. Mazarin a trouvé là un moyen de se défendre à peu de
frais contre le reproche d'avarice. Il est vrai qu'il paya sa dette
en une fois et grandement, mais toujours sans bourse délier.
A son lit de mort, il signala Colbert à Louis XIV « comme un
serviteur modeste, prêt à tout, et qui règlerait l'Etat comme
une maison particulière ».

Plus tard, Colbert agrémenta la chose, et il racontait à ses
amis que Mazarin mourant avait tenu ce langage : « Sire, je
vous dois tout, mais je crois m'acquitter en quelque façon en
vous donnant Colbert (1) ».

Le premier usage que fit Colbert de sa situation auprès du
roi, ce fut de poursuivre avec une haine implacable Fouquet,
le surintendant des finances.

L'acharnement qu'il apporta dans toute cette affaire semble
au premier abord inexplicable : c'est au fond une question de
tempérament. Il avait connu Fouquet chez Mazarin, et ces deux
hommes étaient si différents qu'ils devaient forcément se détes-
ter et devenir ennemis. L'un devait disparaître devant l'autre.

Colbert n'avait point d'avantages physiques. Il était d'une
taille médiocre. Ses cheveux étaient noirs et en petite quantité, ce qui lui fit prendre de bonne heure la calotte. « Il avait
le visage naturellement renfrogné. Ses yeux creux, ses sourcils
épais et noirs lui faisaient une mine austère et lui rendaient
le premier abord sauvage et négatif (2). »

(1) Choisy, Mémoires, t. I, p. 135.
(2) Mémoires de Choisy, t. I, page 115.

Selon l'expression de Pierre Clément, « il eut toujours une prédilection marquée pour les formes sévères et absolues de Richelieu ». Louis XIV disait parfois d'un ton railleur : « Voilà Colbert qui va nous répéter : Sire, ce grand cardinal de Richelieu, etc. » (1).

Il parlait peu et ne répondait jamais sur-le-champ, voulant se laisser le temps de la réflexion. Il était la terreur des solliciteurs. Guy Patin dit de lui : C'est un homme de marbre, *vir marmoreus*. Dans ses lettres, Madame de Sévigné l'appelle le *nord* (2). Elle fut forcée de l'aller voir pour obtenir le règlement d'une pension promise à son gendre ; voici le récit qu'elle nous a laissé de cette entrevue : « Je lui touchai un mot des occupations continuelles et du zèle pour le service du roi, un autre mot des extrêmes dépenses à quoi l'on était obligé, qui ne permettaient pas de rien négliger pour les soutenir, que c'était avec peine que M. de Grignan et moi l'importunions de cette affaire ; tout cela était plus court et mieux rangé ; mais je n'aurai nulle fatigue à vous dire la réponse : « Madame, j'en aurai soin », et me remène à sa porte (3) ».

Madame de Sévigné avait tort de se plaindre, souvent Colbert ne répondait pas du tout : ainsi en usa-t-il avec une dame Cornuel qui lui dit : « Monsieur, faites au moins signe que vous m'entendez ». Une autre solliciteuse se jeta à ses pieds, Colbert se mit à genoux en face d'elle en lui disant : « Je vous conjure, Madame, de me laisser en repos ».

(1) Pierre Clément, Colbert, t. I, p. 73.
(2) Voir, par exemple, la lettre à Madame de Grignan, de Noël 1673.
(3) Lettre à Madame de Grignan, du 18 novembre 1677.

Certes, on ne peut accuser Colbert de galanterie exagérée! L'abbé de Choisy nous déclare qu'il n'avait nulle passion. Joignons à cela qu'il était sobre, et il avait d'autant plus de mérite que dans sa jeunesse il avait témoigné un goût très vif pour le vin (1)!

Il paraît avoir eu l'intelligence lourde, l'esprit solide mais pesant. Il comprenait avec peine, disent les contemporains (2); mais une application infinie et un désir insatiable d'apprendre lui tenaient lieu de science. Il ne faisait rien qu'à force de travail, auquel il ne consacrait pas moins de seize heures par jour.

Lui-même nous apprend qu'il se couchait tard et se levait matin. « Il n'y a, écrit-il, que le travail du soir et du matin qui puisse avancer les affaires (3). » Une fois qu'il était instruit, il parlait avec une grande justesse. Avec cela, il avait les travers des demi-savants, aimant surtout à parler des choses qu'il connaissait peu, affectant d'en savoir fort long, citant même hors de propos des passages latins qu'il avait appris par cœur et qu'il comprenait mal (4).

Au point de vue moral, il donna, toute sa vie, l'exemple d'une scrupuleuse probité, jointe à une régularité parfaite. « La loi la plus indispensable et la plus nécessaire, disait-il, est d'être réglé dans ses mœurs et dans sa vie (5). » Dur envers lui-

---

(1) Mémoires de Choisy, p. 115.

(2) Courtilz et Choisy.

(3) Note marginale écrite par Colbert sur un mémoire de son fils le marquis de Seignelay, pièce citée par P. Clément, p. 307 et 59.

(4) Choisy, Mémoires, p. 115.

(5) Note marginale écrite sur le mémoire cité plus haut.

même, il l'était avec les autres. Été et hiver, son neveu Desmarets travaillait avec lui dès sept heures du matin, et il n'admettait point le plus léger retard. Il n'eut jamais qu'une ambition : remplir les coffres du roi, se souciant peu de ruiner pour cela une infinité de familles. Il était intraitable sur ce sujet. C'est ainsi qu'un certain Brisacier lui ayant acheté pour cinq cent mille livres sa charge de secrétaire des commandements de la reine fit en plus un présent de vingt mille livres à madame Colbert. Il croyait faire sa cour au ministre, « qui bientôt lui en témoigna sa profonde reconnaissance en lui ôtant d'un trait de plume plus de cinquante mille livres de rente qu'il avait en bon bien sur le roi (1) ».

Colbert a ce trait commun avec Sully que, comme lui, il sollicite toujours des récompenses. De temps en temps, dans sa correspondance avec Mazarin, on le voit glisser une phrase pour demander quelque petite abbaye de 4,000 livres de rente. Il ne perdit rien pour attendre, car il reçut un bénéfice de 8,000 livres. Il reçut encore, et gratuitement, la charge d'intendant du duc d'Anjou dont il tira 40,000 livres, celle d'intendant des commandements de la reine, que nous venons de le voir céder pour 500,000 livres au pauvre Brisacier. Pierre Clément établit que ses traitements avoués ne dépassaient pas 70,000 livres par an ; mais Colbert ne s'oubliait pas dans la distribution des bienfaits du roi. En 1678, on voit 40,000 livres données « au sieur Colbert, en considération de ses services et pour lui donner le moyen de les continuer (2) ». Il put ainsi

(1) Mémoires de Choisy, t. I, p. 136.
(2) Pièces citées par Pierre Clément, t. I, p. 128.

amasser une fortune que lui-même n'estimait pas au-dessous
de dix millions, offrant d'ailleurs de démontrer au roi « que
les appointements de ses charges et les gratifications extraordinaires avaient pu en vingt-deux ans produire légitimement
une somme aussi considérable que celle-là (1) » !

Il ne se fit point faute de pourvoir avantageusement ceux de
sa famille, au point qu'on a pu l'accuser de népotisme. Un de
ses frères devient évêque de Luçon, puis d'Auxerre ; un autre
devient marquis de Croissy, et plus tard ministre des affaires
étrangères. Parmi ses fils, l'un est marquis de Seignelay et
aspire à la survivance des charges de son père ; l'autre, archevêque de Rouen, entrera à l'Académie française ; les autres
sont pourvus de hauts grades dans l'armée, et sont tout au
moins colonels. Il est vrai qu'on est porté à une extrême indul-
gence quand on voit un Antoine Colbert tué à la tête de son
régiment au combat de Valcourt en 1689, Armand tué à
Hochstedt en 1704, Charles tué à Fleurus en 1690. Cette
famille roturière a conquis la noblesse sur les champs de
bataille.

Mais Colbert ne l'entendait pas de cette façon et prenait fort
au sérieux sa noblesse toute récente. Il avait des accès de
vanité sentant le parvenu, et aurait pu fournir à Molière plus
d'un trait pour le personnage de M. Jourdain. C'est lui qui
« fit enlever la nuit dans l'église des Cordeliers de Reims une
tombe de pierre où était l'épitaphe de son grand-père, et en
fit mettre une autre où l'on avait gravé en vieux langage les

(1) Choisy, Mémoires, p. 116.

hauts faits du preux chevalier Kolbert d'Ecosse (1). » Fier de
cette haute lignée, il ne veut pour ses filles que des maris
titrés. Certainement il aurait repoussé Cléonte. Sa fille José-
phine-Marie-Hélène devient duchesse de Chevreuse; Henriette-
Louise, duchesse de Saint-Aignan ; Marie-Anne, duchesse de
Mortemart. Il faut voir alors le bourgeois parvenu conduire
fièrement ses gendres aux Cordeliers, s'agenouiller « sur la
prétendue tombe de ses ancêtres, disant les sept psaumes et
en faisant dire à ses gendres, très dévotement ». Saint-Simon
nous parle du frère de Louvois, archevêque de Reims, « aussi
humble sur sa naissance que les Colbert sont extravagants
sur la leur (2) ». Mais quoi ! les Colbert n'avaient-ils pas été
agréés par l'Ordre de Malte? Le ministre avait prié le conseil
de l'Ordre d'examiner les titres de son fils avec la dernière
rigueur, et, ajoute finement Choisy, « ils trouvèrent les par-
chemins de 300 ans plus moisis qu'il ne fallait (3) ».

Véritable antithèse de Colbert, Fouquet était aimable et spi-
rituel. Les lettres de Madame de Sévigné nous le montrent
avec l'air franc et ouvert. « Il écoutait paisiblement et répondait toujours des choses agréables, en sorte que, sans ouvrir
sa bourse, il renvoyait toujours à demi contents tous ceux qui
venaient à son audience (4). » Aussi léger et inconséquent que
Colbert était austère, on disait de lui qu'il prétendait acheter
le dévouement de tous les hommes.

(1) Choisy, Mémoires, t. I, p. 121.
(2) Saint-Simon, Mémoires, t. I, p. 187.
(3) Choisy, Mémoires, t. I, p. 123.
(4) Id., ibid., p. 109.

Autant Colbert était lent, autant Fouquet avait de facilité aux affaires. Il est vrai qu'il avait encore plus de négligence; mais il voulait au moins avoir les apparences de l'application et du travail. Aussi écrivait-il la nuit à la bougie, dans son lit, sur son séant, les rideaux fermés, sous prétexte que le grand jour lui donnait de perpétuelles distractions. Le jour venu, « il faisait semblant de travailler seul, à Saint-Mandé, et pendant que toute la cour était dans son antichambre, louant à haute voix le travail infatigable de ce grand homme, il descendait par un escalier dérobé dans un petit jardin (1) » où l'attendait joyeuse compagnie. D'ailleurs nul scrupule, nulle probité, pas plus que les grands de son époque. Il comptait bien faire pour son propre compte et pour celui de ses amis ce qu'il avait vu faire à Mazarin, ce qu'il avait commencé à faire lui-même. Avant d'entrer dans les coffres de l'épargne, une bonne partie de l'argent du roi s'égarerait en chemin. Cela n'était point fait pour scandaliser les honnêtes gens de ce temps-là; il y en eut un pourtant qui ne put le supporter et qui ouvrit les yeux au roi sur les dilapidations de ce ministre; celui-là fut précisément Colbert.

Ce fut sur son conseil que le roi demanda à son surintendant les états de la recette et de la dépense. Fouquet donna les états, mais complètement dénaturés, avec une dépense qu'il grossissait et des revenus qu'il diminuait. « Le roi montrait tous les soirs ces états à Colbert qui lui en faisait remarquer les faussetés. Le roi insistait le lendemain avec Fouquet,

____

(1) Choisy, **Mémoires**, p. 109.

Le Château de Vaux.

sans pourtant vouloir paraître trop instruit, et Fouquet, inso-
lent, persistait dans le mensonge.

Un jour, après l'examen d'un de ces comptes, le roi se laissa
emporter au point de s'écrier avec beaucoup de vivacité : « Eh
bien! et le reste ? » — Fouquet répondit, non sans embarras,
« qu'ayant eu à faire pour les besoins de l'État beaucoup de
dépenses secrètes, dont le cardinal et lui seul avaient été instruits, il se reposait entièrement à cet égard sur la bonté du
roi ». Louis XIV était désormais fixé, et la perte de son ministre infidèle était résolue.

Le malheureux Fouquet était aveugle et semblait travailler
lui-même à sa perte. Une véritable coalition s'était formée
contre lui. Letellier et de Lionne s'étaient joints à Colbert. Ils
donnèrent au surintendant le conseil perfide de vendre sa
charge de procureur général au Parlement de Paris. Il le fit,
et désormais il cessait d'être justiciable de cette compagnie.
C'était précisément ce que voulaient ses ennemis.

Cette vente produisit un million qu'il alla incontinent porter
au roi. Louis XIV accepta ce royal présent, et Fouquet se crut
plus que jamais à la veille de devenir premier ministre. Pour
peser d'une manière tout à fait décisive sur les résolutions du
roi, il lui donna une fête sans précédents dans son incomparable domaine de Vaux. C'était bien mal connaître le caractère de Louis. L'orgueilleux monarque frémit d'indignation à
la lecture de cette devise qu'avait prise le maître du logis :
Quò non ascendam? « Où ne monterai-je pas ? » tandis que les
courtisans contemplaient les armes de Fouquet : un écureuil
poursuivant une couleuvre, et y voyaient une insolente menace

à l'adresse de Colbert (en latin *coluber* veut dire couleuvre). Le roi songeait à faire arrêter Fouquet sur-le-champ : les instances de la reine-mère finirent par le calmer, et la fête se termina sans scandale.

L'exécution de ce projet n'était qu'ajournée, « et ce dessein, dit Louis XIV lui-même, me donna une peine incroyable ; car non seulement je voyais que pendant ce temps-là il préparait de nouvelles subtilités pour me voler, mais ce qui m'incommodait davantage était que, pour augmenter la réputation de son crédit, il affectait de me demander des audiences particulières, et que, pour ne pas lui donner de défiance, j'étais contraint de les lui accorder (1). » On voit que Louis XIV pratiquait la maxime de Machiavel : Qui ne sait dissimuler, ne sait régner.

Quand il eut bien endormi la prudence du surintendant, le roi, à l'occasion de la tenue des États de Bretagne, organisa un voyage à Nantes et pria Fouquet de l'accompagner. A Orléans, la cour s'embarqua sur la Loire. Derrière la barque royale venaient deux nacelles, dont l'une portait Fouquet, l'autre Colbert. Chacun disait tout bas : « Bientôt l'une des deux coulera l'autre ».

Elles arrivèrent pourtant sans encombre jusqu'à Nantes ; mais, là, le surintendant fut arrêté brusquement et conduit dans la prison du château d'Angers.

Il y attendit trois ans que l'instruction de son procès fût terminée. Au bout de ce temps, il fut transféré à la Bastille et traduit devant une commission dont il récusa jusqu'à la fin la compétence.

(1) Louis XIV, Œuvres, t. I, p. 102. Instructions au Dauphin.

On peut reprocher à Colbert d'avoir manqué de générosité en cette circonstance et d'avoir poursuivi avec un acharnement hors de saison son ennemi tombé. Il était d'accord en cela avec son ancien protecteur Letellier. Quelqu'un louait devant Turenne la modération du second qui faisait contraste avec l'emportement du premier : « Oui, répondit Turenne, je crois que M. Colbert a plus d'envie qu'il soit pendu et que M. Letellier a plus de peur qu'il ne le soit pas. » — « Il faut que vous sachiez que M. Colbert est tellement enragé qu'on attend quelque chose d'atroce et d'injuste (1). » Ainsi s'exprime Mme de Sévigné. L'oncle maternel de Colbert était parmi les juges, et non des moins ardents contre l'accusé. « Ce matin, Pussort a parlé quatre heures, mais avec tant de véhémence, tant de chaleur, tant d'emportement, tant de rage, que plusieurs juges en étaient scandalisés (2). » Aussi « tout le monde s'intéresse dans cette grande affaire. On ne parle d'autre chose; on raisonne, on tire des conséquences, on compte sur ses doigts; on s'attendrit, on espère, on craint, on peste, on souhaite, on hait, on admire, on est triste, on est accablé... C'est une chose extraordinaire que l'état où l'on est... Mais c'est une chose divine que la résignation et la fermeté de notre cher malheureux (3). »

On voit dans ce dernier passage que Fouquet avait conservé des amis. La touchante élégie de La Fontaine aux nymphes de Vaux fit verser bien des larmes; Mme de Sévigné, Saint-

(1) Madame de Sévigné, Lettre à Pomponne, 19 décembre 1664.
(2) Madame de Sévigné, Lettre à Pomponne, 17 décembre 1664.
(3) Madame de Sévigné, Lettre à Pomponne, 17 décembre 1664.

Evremont, Mlle de Scudéry parlèrent et agirent en faveur de l'accusé. Pelisson voulait partager sa prison ; car Louis XIV aggrava la sentence prononcée par les juges sous la pression de l'opinion. Cette sentence concluait au bannissement perpétuel ; le roi commua en une détention perpétuelle dans la forteresse de Pignerol.

Fouquet méritait-il, après tout, tant de rigueur ? A prendre les choses dans notre société actuelle, certainement oui ; mais en se reportant à l'époque et aux mœurs du temps, on peut dire hardiment non. Il semble que le jugement le plus juste sur toute cette affaire ait été porté par l'abbé de Choisy : « Il était coupable ; mais, à force de le poursuivre contre les formes, il attira les juges en sa faveur, et son innocence prétendue fut un effet de la colère aveugle et précipitée de ses ennemis (1). »

Après la disgrâce de Fouquet, la charge de surintendant des finances fut supprimée. Le roi prit le gouvernement de ses finances. Il surveilla tout et prit part à tout ; du moins il prétendit le faire.

En réalité, ce fut Colbert qui eut l'initiative de tout. Il avait longtemps médité sur les diverses parties du gouvernement, et il était capable de les diriger toutes.

Ses attributions furent multiples. Le fond de sa charge était le département des finances. Sorte d'intendant particulier du roi, il devait pourvoir aux dépenses qui constituent aujourd'hui une liste civile. Toutes les questions d'impôts, d'em-

____

(1) Choisy, Mémoires, t. I, p. 111.

Fouquet.

prunts, de baux, de marchés, étaient de son ressort. De lui relevait le paiement des rentes, des pensions, des services publics. Il empiéta même sur le domaine judiciaire et prépara de grands travaux de législation.

L'organisation particulière du clergé dispensait d'avoir un ministre des cultes. Colbert du moins s'occupait de toute la police extérieure de l'Eglise, de ce qu'on appelait alors les affaires générales du clergé. L'instruction publique était donnée par les collèges des universités ou par des établissements libres : le gouvernement surveillait la lutte, mais sans intervenir; Colbert prit pour lui ce qu'on pourrait presque appeler la direction de l'enseignement supérieur : les académies, les bibliothèques, les encouragements à donner aux savants et aux littérateurs. Il intervient dans le département des affaires étrangères à propos des traités de commerce et des consulats, il correspond directement avec les ambassadeurs. Il est ministre de l'intérieur, car c'est de lui que relèvent les intendants et les magistrats civils des provinces : il a la haute main sur la police générale du royaume. Il est même intendant de l'Ile-de-France et de l'Orléanais. Il est en perpétuel conflit d'attributions avec Louvois; car du département de la guerre il prétend garder toute la comptabilité : l'entretien des fortifications, la solde des troupes, les vivres, les étapes, l'artillerie, les poudres et les salpêtres, du moins pour ce qui concerne la partie financière. Ce qui forme aujourd'hui le ministère des travaux publics rentre dans la surintendance des bâtiments. Tout compte fait, Colbert suffisait à lui seul à des attributions multiples réparties entre neuf ministères!

Il eut le grand art de s'effacer et de persuader au roi que toutes les grandes pensées venaient de Sa Majesté : lui n'était qu'un élève. Aussi, bien que plus puissant qu'un simple ministre, bien que véritable fondé de pouvoirs du roi, se contentant de l'autorité véritable, il prit les titres les plus modestes.

C'est comme contrôleur général qu'il opère la réforme des finances.

C'est comme secrétaire d'État au département du commerce qu'il s'efforce de développer l'industrie, les colonies, l'agriculture.

Comme intendant au département de la marine, il réorganise la marine marchande et militaire.

Comme surintendant de la maison du roi, il dispense les pensions et les gratifications.

Comme surintendant des bâtiments, il préside aux grandes constructions civiles.

Nous connaissons maintenant l'homme ; examinons son œuvre.

CHAPITRE II.

Lorsque Colbert prit la direction des finances, elles étaient dans un état lamentable. « En 1661, dit M. Pierre Clément, la France payait 90 millions d'impôts, sur lesquels il en restait près de 35 à l'État, prélèvement fait des frais de perception et des rentes à servir. En outre, deux années de revenu étaient consommées à l'avance (1). » On marchait à grands pas vers la banqueroute.

Il y avait à cela des causes diverses. D'abord les malversations des financiers ou traitants, dont Fouquet avait donné le plus scandaleux exemple. « Sire, disaient les trésoriers, il n'y a plus d'argent dans les coffres de Votre Majesté ; mais adressez-vous à M. le surintendant, et il vous en prêtera (2). »

De plus, dans des besoins pressants, la royauté avait eu recours aux *affaires extraordinaires*, c'est-à-dire à la création de charges multiples et inutiles, achetées par les titulaires à beaux deniers comptants, mais qui augmentaient ensuite par les traitements à payer les charges déjà trop lourdes du trésor. C'était un emprunt déguisé, dont l'intérêt était représenté par les émoluments de la charge.

(1) P. Clément, t. I, p. 97.
(2) Choisy, Mémoires.

On avait usé de l'emprunt sous sa forme brutale ; mais la royauté avait encore si peu de crédit que les magistrats de l'Hôtel-de-Ville s'étaient portés caution pour elle. Les créanciers avaient pour garantie les propriétés de la ville de Paris. C'était là ce qu'on appelait les rentes sur l'Hôtel-de-Ville ; et, malgré tout, leur émission avait été difficile ; elles n'avaient produit au trésor qu'une somme bien inférieure à la valeur nominale dont il servait l'intérêt.

Enfin, malgré les misères que la guerre de la Fronde avait accumulées sur la France, l'impôt aurait pu produire davantage. Il était mal réparti et n'atteignait pas toutes les sources de revenu.

Il y avait donc une double tâche à accomplir. Il y avait des abus à corriger, des réformes à introduire. C'est précisément ce que fit Colbert. « Il commença, comme le duc de Sully, par arrêter les abus et les pillages, qui étaient énormes. La recette fut simplifiée autant qu'il était possible ; et, par une économie qui tient du prodige, il augmenta le trésor du roi en diminuant les tailles (1). »

Voilà un résumé clair et précis, tel que les sait faire Voltaire. Voyons d'abord ce qui concerne les abus et pillages.

Dès 1661 Colbert institua une chambre de justice chargée de rechercher les malversations financières commises depuis 1635. C'était remonter jusqu'à l'administration de Richelieu. Parmi les financiers enrichis, il y en eut bien peu qui ne se sentirent pas menacés. Ils espérèrent fléchir le ministre par l'offre

(1) Voltaire, Siècle de Louis XIV.

de vingt millions versés au trésor; il demeura inflexible. Ils essayèrent alors de faire passer entre les mains de tiers leurs biens meubles et immeubles : une ordonnance parut, interdisant et annulant à l'avance tout contrat passé avec un financier depuis la création de la chambre de justice. Les plus avisés cherchèrent leur salut dans la fuite, comme Gourville, ami intime de Fouquet. Les autres, et ce fut le plus grand nombre, furent arrêtés et jetés en prison. Leur procès fut instruit avec rigueur; quelques-uns furent frappés dans leur personne; c'est ainsi qu'un certain Dumont fut pendu devant la Bastille ; à Orléans, Pierre Sergent et Jean Chailly furent exécutés ; il est vrai qu'ils avaient assassiné une vieille femme pour la punir de les avoir dénoncés.

Colbert répugnait aux moyens violents, et préférait laisser les coupables se racheter. Nous possédons quelques chiffres de ces restitutions pour les années 1662 et 1663. Nous voyons un la Bazinière taxé 962,000 livres, un sieur Boilesve 1,473,000 ; un certain Coquille paie 2 millions, Gruin en paie 2 et demi, Jacquin 3,747,000 livres, Monnerot 5,803,000 (1). C'est ainsi qu'en un an Colbert encaisse 110 millions, sans compter vingt-cinq millions d'amende, soit 135 millions, tandis que le chiffre total de l'impôt n'était que de 90 millions.

Il faut, à propos de ces chiffres, se garder d'une erreur facile. On est tenté de se dire, quand on pense à nos budgets actuels, que ce sont là de maigres sommes obtenues pour un si grand effort.

(1) Pierre Clément, pièce citée à la page 105, chap. II.

Il faut songer que, sous l'administration de Colbert, le prix du marc d'argent était de 28 livres: c'est-à-dire qu'on taillait 28 livres tournois avec la quantité d'argent qui produirait 54 francs aujourd'hui (1). Il faut donc doubler la somme pour avoir la valeur *intrinsèque* de nos jours. On sait de plus que, depuis trente ans seulement, les denrées, par suite de l'abondance du métal sur le marché, ont presque doublé de prix. Il faudrait donc encore doubler cette valeur intrinsèque pour avoir la valeur *relative*, c'est-à-dire réelle de nos jours. Pour ne point être exagéré, multiplions seulement par trois la somme du temps de Louis XIV. Les 135 millions de Colbert en feraient 405 de nos jours, et le budget de la France de 1661 serait 270 millions.

C'est encore un maigre budget comparé au nôtre qui dépasse 3 milliards ! Mais il faut tenir compte du peu de scrupule qu'apportait le gouvernement dans le paiement des rentes. Les magistrats, le clergé n'étaient point payés par l'État ; le service des ponts et chaussées était remplacé par la corvée ; les universités vivaient de leurs biens propres et ne coûtaient rien à l'État ; les frais de perception de l'impôt étaient au compte des compagnies fermières.

Colbert avait donc de l'argent devant lui, chose inouïe depuis bien des années ! Il sut l'employer à propos. Nous le voyons réduire dans d'énormes proportions le nombre des officiers de finance en remboursant les charges au taux du prix d'achat à la royauté. Sans doute les titulaires avaient acheté ces charges

(1) Voir un article de Cochut, *Revue des Deux-Mondes*, 1er août 1846.

pour une somme bien supérieure au prix d'émission, puisqu'ils offrirent 60 millions pour arrêter l'édit : Colbert ne vit que l'intérêt du trésor débarrassé chaque année d'une grosse charge inutile ; il refusa.

Une autre excellente opération fut le rachat des fameuses rentes sur l'Hôtel-de-Ville. Colbert commença par en arrêter le paiement. C'était atteindre la bourgeoisie de Paris et une partie de la cour. Un chevalier de Cailly écrivit l'épigramme suivante :

> De nos rentes, pour nos péchés,
> Si les quartiers sont retranchés,
> Pourquoi s'en émouvoir la bile ?
> Nous n'aurons qu'à changer de lieu :
> Nous allions à l'Hôtel-de-Ville,
> Et nous irons à l'Hôtel-Dieu.

Boileau louait fort cette boutade, s'il faut en croire le président Brossette. Peut-être l'a-t-elle inspiré quand il écrivit en 1665 ces vers si connus du *Repas ridicule* :

> Quel sujet inconnu vous trouble et vous altère ?
> D'où vous vient aujourd'hui cet air sombre et sévère,
> Et ce visage enfin, plus pâle qu'un rentier
> A l'aspect d'un arrêt qui retranche un quartier ?

Colbert régularisa la situation. Il racheta toutes ces rentes, mais au prix d'émission. Or, à l'époque où elles avaient été lancées, ces rentes n'avaient guère procuré au trésor que la moitié de leur capital nominal. Depuis, elles avaient monté et se négociaient presque au pair. Il est vrai que la différence entre le prix d'émission et le cours nouveau constituait le bénéfice du vendeur. Colbert ne s'arrêta point en songeant aux ruines qu'il allait causer. « Nous sommes sur le point d'en voir une bien cruelle, écrit Madame de Sévigné, qui est le rachat de nos rentes sur un pied qui nous renvoie droit à l'hôpital. L'émotion est grande, et la dureté l'est encore plus (1). » La dureté se compliquait ici d'une sorte de banqueroute, car l'État se trouvait moralement engagé à soutenir ces rentes : Colbert ne vit que l'intérêt du trésor déchargé désormais de huit millions de dépense annuelle.

Comme il lui restait encore de l'argent, il racheta les parties aliénées du domaine, ce qui assurait au trésor une nouvelle recette. Il rendit un grand service aux communes en les forçant à racheter au prix de vente les biens communaux aliénés. Vainement les villes protestèrent au nom des franchises municipales, Colbert demeura inflexible ; et on découvrit bientôt que le plus souvent les magistrats municipaux eux-mêmes s'étaient rendus acquéreurs à vil prix des biens dont ils avaient voté l'aliénation.

Tout cela sans doute ne se fit point sans résistance et sans murmures. Ces mesures, parfois illégales, souvent cruelles, ressemblaient trop à des expédients révolutionnaires ; mais le bon sens public y applaudit. Moins de dépenses d'un côté, nouveaux revenus de l'autre sans qu'il en coûtât rien au contribuable, c'était bien ce prodige dont parle Voltaire.

Les abus ayant disparu, il s'agissait maintenant d'en prévenir le retour. Colbert se promit bien de n'avoir jamais recours

(1) Lettre de Madame de Sévigné à Pomponne, 1er décembre 1664.

à la gent financière. Un édit parut, interdisant, sous peine de
la vie, de prêter de l'argent au roi. Il dut en rabattre plus tard,
à l'époque des grandes guerres. Il confia son embarras à Gourville, devenu son ami. Ce dernier lui déclara : « qu'il n'y avait
qu'à oublier que l'arrêt eût été donné, et emprunter comme on
aurait pu faire auparavant (1). » On trouva aisément des prê-
teurs, mais la France retomba sous les griffes des partisans.

Elles étaient pourtant fortement émoussées. D'abord la
remise aux receveurs généraux et particuliers fut singulièrement abaissée. Elle avait été jusqu'à six sous pour livre ; elle
fut abaissée à 9 deniers pour livre. Le contrôleur général
avait en outre imaginé tout un système de comptabilité qui
rendait désormais les fraudes bien difficiles. Un *Registre-jour-
nal* renfermait, par ordre de dates, les dépenses et les fonds
sur lesquels elles étaient assignées. Un *Registre des fonds*
contenait l'indication des recettes par ordre de matières, en
répétant, pour le contrôle et la concordance, l'indication des
dépenses assignées sur chaque article. Tous les ans, au mois
d'octobre, on calculait les dépenses et la recette probable de
l'année à venir ; on voit que Colbert est le véritable créateur
du *budget*. Au mois de janvier ou février, on dressait ce qu'on
appelait « l'état au vrai » : c'est-à-dire qu'on réglait les comptes
définitifs de l'année révolue.

De plus, Colbert « présentait au roi, tous les premiers jours
de l'an, un agenda où ses revenus étaient marqués en détail ;
et à chaque fois que le roi signait des ordonnances, il lui faisait

(1) Gourville, Mémoires, p. 590- Collection Michaud et Poujoulat.

souvenir de les marquer sur son agenda, afin qu'il pût voir quand il lui plairait combien il lui restait de fonds ; au lieu que, les temps passés, il ne pouvait jamais savoir ce qu'il avait (1).

Comme il ne fallait pas que le trésor fût exposé à se trouver vide à de certains moments, tandis qu'il serait encombré à d'autres, les fermiers et receveurs s'engageaient à un versement mensuel fixe. Si au jour fixé la recette n'était pas rentrée, le retardataire était frappé d'un commandement, et la poursuite venait bientôt après. Les comptes étaient vérifiés tous les mois par Colbert, tous les six mois par le roi.

Cette guerre ouverte aux financiers, cette surveillance incessante, cette chasse continuelle aux abus devaient soulever contre Colbert bien des haines et bien des colères. On lui tendit des pièges, il en sortit à son honneur.

Une fois entre autres, avec ses goûts de faste et de luxe, Louis XIV songeait à offrir un grand carrousel à sa mère et à la reine sa femme. Il était retenu par la crainte de la dépense qu'entraînerait une pareille fête, et un peu aussi par celle de l'opposition qu'il prévoyait chez le contrôleur général. Les courtisans s'empressèrent d'augmenter la mauvaise humeur du monarque en critiquant l'humeur parcimonieuse d'un ministre qui s'opposait à la juste magnificence de son maître. De guerre lasse, Louis XIV se décide à parler à Colbert de cette fête comme d'un projet agréable, mais qu'il abandonnerait s'il devait entraîner de trop fortes dépenses. Au lieu des remon-

____

(1) Abbé de Choisy, Mémoires, p. 117.

trances auxquelles il s'attendait, il fut tout surpris de voir Colbert entrer dans ses vues et fixer la dépense probable à 1,500,000 livres. Ce fut au tour du roi de vouloir retenir son ministre en veine de prodigalité : « Vous avez annoncé cette fête, répondit Colbert : il ne vous est plus permis de la contremander, car ce serait faire l'aveu du mauvais état de nos affaires. Il faut au contraire aller au delà de votre magnificence naturelle. » La fête eut lieu en effet, et dépassa en éclat tout ce qu'on avait vu jusqu'alors. La place où elle se donna devant le palais des Tuileries a gardé depuis lors le nom de place du Carrousel. Grâce à l'ordre et aux bonnes mesures de Colbert, les frais ne dépassèrent pas 1,200,000 livres ; mais il était venu à cette occasion une telle affluence à Paris, principalement de gens de distinction, que le produit des fermes (octrois) donna une plus-value de deux millions. Ceci se passait en 1662, et, loin d'affaiblir le crédit de Colbert, cette aventure ne fit qu'augmenter encore la confiance dont il jouissait auprès du roi.

Cette confiance lui permit de chercher à mieux répartir les charges de l'impôt. Il porta tous ses efforts sur la taille. C'est là surtout qu'il convient de lui appliquer ce mot de Voltaire : « Il est vrai que le ministre Colbert ne fit pas tout ce qu'il pouvait faire, encore moins ce qu'il voulait (1). »

La taille constituait la partie essentielle des revenus du roi. Elle avait été établie d'une façon permanente par Charles VII et pesait sur les terres que le roi, dès le début, avait partagées en deux grandes classes : les terres roturières ou payantes, et les terres privilégiées ou non payantes.

(1) Voltaire, Siècle de Louis XIV, chap. 30.

Du moment où l'on admet cette division, il faut admettre aussi que quiconque acquerra par la suite une de ces terres privilégiées ne paiera point d'impôt pour elle. Ce système, connu sous le nom de *taille réelle*, n'était pratiqué qu'en quelques provinces, tardivement réunies à la couronne et qu'on appelait *pays d'états*, à cause des assemblées provinciales qu'elles avaient conservées. Partout ailleurs, c'est-à-dire dans les *pays d'élection*, si un roturier acquérait une terre privilégiée, elle perdait son privilège ; si un noble ou une communauté acquérait une terre roturière, elle devenait privilégiée. C'était la *taille personnelle*, taille inique, car de cette façon il n'y avait de terres privilégiées que celles de la noblesse et du clergé.

Colbert aurait voulu établir la taille réelle par tout le royaume ; et il avait commencé le cadastre par la généralité de Montauban. Les privilégiés firent une résistance désespérée. « Cela me semble injuste, mais aussi impossible, déclare Guy-Patin, quoique cela se passe en Turquie ; mais, par la grâce de Dieu, la France ne sera jamais turque (1). » — Elle l'est devenue sur ce point cependant, malgré une assurance aussi superbe ; mais ce n'est pas Colbert qui obtint ce résultat, car il dut s'arrêter à son ébauche d'entreprise.

Du moins, là encore il poursuivit tous les abus. Nombre de gens trouvaient commode de s'affranchir de l'impôt en se parant d'un titre de noblesse. En 1662, Molière disait par la bouche de Chrysalde :

(1) Guy Patin (may 1664).

> Je sais un paysan qu'on appelait Gros-Pierre,
> Qui, n'ayant pour tout bien qu'un seul quartier de terre,
> Y fit tout à l'entour faire un fossé bourbeux
> Et de M. de l'Isle en prit le nom pompeux (1).

Colbert poursuivit impitoyablement tous ces faux nobles et les fit rentrer dans le rang. Rien qu'en Provence, 1,257 usurpations furent signalées. Comme c'étaient ordinairement les plus riches de la contrée, en reprenant leur part d'impôt à payer, ils soulageaient d'autant les autres.

La répartition de cet impôt donnait lieu à d'étranges injustices. Chaque année, le roi fixait en son Conseil le chiffre à payer par chaque province financière ou généralité. L'intendant, magistrat suprême de la généralité, déterminait la quotité à payer par chaque *élection*, ce qui correspondait à un arrondissement de nos jours. Dans chaque élection, des officiers appelés *élus* répartissaient entre chaque paroisse ; puis les *collecteurs* répartissaient entre les habitants de la paroisse, chacun payant en proportion de ses ressources présumées. Aussi s'efforçait-on de paraître pauvre. Il n'était pas rare de voir les collecteurs charger outre mesure un voisin avec lequel ils étaient en mésintelligence, tandis qu'ils ménageaient leurs amis ou leurs parents. Un présent fait à propos à madame l'élue procurait un adoucissement de taille. Les grands usaient de leur influence auprès des intendants pour faire exempter leurs fermiers ou simplement leurs protégés. En fin de compte, tout le poids retombait sur les épaules des plus pauvres.

Colbert sait tout cela et il s'empresse d'y mettre bon ordre.

_____

(1) *L'Ecole des femmes.* Acte I, scène 1.

« Comme c'est la matière sur laquelle il peut se commettre le
plus d'abus, écrit-il au roi, c'est aussi celle à laquelle on a donné
et l'on donne toujours le plus d'application (1). » En 1670, il
recommande expressément aux intendants « de tenir soigneu-
sement la main à ce que les impositions soient faites avec
justice et égalité. Considérez ce travail comme *le plus important* de tous ceux qui sont confiés à vos soins. » Dès 1663 il
avait déjà ordonné de faire la répartition, « sans avoir égard
aux recommandations de qui que ce soit (2). »

Aussi les lamentations s'élèvent de tous côtés. On s'indigne
contre ces projets d'une réformation qui consiste seulement
« à augmenter de beaucoup les impôts en les répandant sur
tous ceux *qui s'en mettaient à couvert par leur crédit et par
celui de leurs amis.* Le gentilhomme n'a plus de crédit pour
obtenir la diminution de la taille à sa paroisse; ses fermiers
paient comme les autres et plus... Tout paie! voilà un grand
air de justice; mais qu'est-ce que cette belle justice a produit ? Elle a ruiné tout le monde (3). »

On eût aimé voir Colbert pratiquer lui-même cette rigide
impartialité qu'il prescrit aux autres. Malheureusement il n'est
pas inaccessible à de hautes influences. C'est lui qui écrit à
un intendant : « M. le comte de Saint-Aignan m'a fait entendre
que les habitants de Loches étaient fort misérables, et qu'il
serait juste de les soulager tant de la taille que de l'impôt du
sel. Comme il est de mes amis particuliers, je vous serai

(1) Mémoire au roi, de 1680.
(2) Depping, Correspondance administrative, t. III, p. 33.
(3) Soupirs de la France esclave qui aspire à sa liberté, XI° Mémoire.

obligé si vous m'aidez à faire valoir ses recommandations (1). »
L'intendant ne devait-il pas voir un ordre dans ce simple désir
exprimé par le tout-puissant ministre ? A un autre Colbert
écrit encore : « Mademoiselle m'a prié de vous recommander
les habitants de la ville d'Eu, dans l'imposition prochaine de
la taille. » Il est vrai que, pris de remords, il se hâte d'ajouter :
« L'équité et la justice doivent toutefois prévaloir sur toute
autre considération (2) », reprenant ainsi d'une main ce qu'il a
abandonné de l'autre.

Ne pouvant supprimer tout à fait la taille, Colbert la réduisit
dans de notables proportions. Il la trouva à 53 millions de
livres ; l'année de sa mort, il l'avait abaissée à 32 millions, et il
se proposait de la ramener à 25.

Un autre impôt à bon droit impopulaire était celui qui pesait
sur le sel : on l'appelait *gabelle*. Dès 1668 Colbert lui donne son
règlement. Il diminue de trente sous par minot le prix du sel
pris dans les greniers du roi.

Comment Colbert faisait-il donc pour compenser ces dégrè-
vements d'impôts pesant exclusivement sur le pauvre ? Il
avait recours aux impôts indirects comme relativement plus
équitables, parce qu'ils pesaient indistinctement sur la masse
de la nation. Il fit porter la principale augmentation sur les
aides. On nommait ainsi un impôt sur le vin, l'eau-de-vie, le
cidre, le poiré, la bière et toutes les liqueurs dans la composition desquelles entrait une de celles-là. On l'avait établi en

(1) Depping, Correspondance administrative, t. III, p. 50.
(2) Depping, Correspondance administrative, t. IX, p. 341.

1360 pour la rançon du roi Jean; et, de temporaire qu'il devait être, il était bientôt devenu définitif. Il fournissait cinq millions seulement à la mort de Mazarin; il s'élevait à 21 millions en 1684. Malheureusement les abus de la perception frappèrent l'industrie des boissons, en causant un grave préjudice aux particuliers et à l'État.

En résumé, à la mort de Colbert, le trésor royal recevait annuellement 57 millions de plus qu'en 1661 ; et cependant le peuple était soulagé. C'est que d'une part les charges diminuaient, tandis que le revenu de l'État augmentait par suite d'une perception régulière et par l'accroissement de la richesse publique. La répartition était devenue plus équitable. Que n'aurait pas fait Colbert sans les goûts fastueux et guerriers de Louis XIV !

CHAPITRE III.

COLBERT SECRÉTAIRE D'ÉTAT AU DÉPARTEMENT DU COMMERCE. —
DÉVELOPPEMENT DE L'INDUSTRIE ET DE L'AGRICULTURE.

Voltaire a dit : « Le génic de Colbert se tourna principalement vers le commerce qui était faiblement cultivé et dont les
grands principes n'étaient pas connus (1). »

L'auteur du *Siècle de Louis XIV* a raison. Il n'y eut pas de
système raisonné en France avant Colbert. C'est seulement
sous François Ier qu'on voit poindre le système de protection
qui consiste à interdire formellement l'entrée de certaines
marchandises étrangères, par exemple le drap d'Espagne.
Les soies du même pays devaient d'abord passer par Lyon
pour y payer 5 0[0 de leur valeur. Telle est l'humble origine
du système protecteur. Sous Charles IX, il y a un essai de
tarif général de douane. Tout cela tombe et disparaît pendant
les guerres de religion. Il ne paraît pas qu'on en ait été autrement enchanté en France.

La nation qui a le plus contribué à la diffusion du libre
échange au XIXe siècle est aussi celle qui inventa le régime
prohibitif et en fit l'essai le plus brutal. Dès le début du XVIIe
siècle, l'Angleterre avait prohibé la sortie de diverses matières

(1) *Siècle de Louis XIV*, chap. 29.

propres à alimenter les industries étrangères : par exemple
les laines et les peaux de mouton. On cite en Irlande le cas d'un
marchand étranger qui eut le bras coupé pour avoir tenté
d'exporter des laines sur le continent. Les marchandises dont
la sortie n'était pas prohibée payaient un droit de sortie
énorme. L'Angleterre en retour se gardait avec soin contre
l'invasion des marchandises étrangères. Tous les draps français étaient absolument exclus de ses marchés. « Au contraire,
dit un très curieux écrit contemporain (1), les Anglais apportent en France toutes et telles draperies qu'il leur plaît, voire
en si grande quantité que nos ouvriers sont maintenant con-
traints de prendre un autre métier, et bien souvent de men-
dier. » Même exclusion pour la mercerie et ce qu'on pourrait
déjà appeler l'article de Paris. Les personnes mêmes étaient
taxées : cinq sous pour l'entrée, trente sous pour la sortie. Un
Français ne pouvait traiter d'affaires qu'avec un bourgeois
domicilié et non avec des forains. Nos vins ne pouvaient se
vendre directement au consommateur anglais, mais seulement
à une compagnie privilégiée qui les achetait bon marché pour
les revendre fort cher. Le pourvoyeur de la cour avait le droit
de se rendre aux entrepôts des négociants français à Londres
et d'y choisir les meilleurs vins pour la table du roi, les payant
au prix *fixé par sa conscience.* On sait que la conscience britan-
nique est fort large. Nos bâtiments pouvaient prendre charge
dans un port anglais, mais seulement au cas où il ne se trouvait point pour cela un bateau du pays, et encore s'exposaient-

(1) Traité d'économie politique dédié au roi et à la reine-mère, par Antoine
de Montchrestien, sieur de Vatteville. Rouen, 1615.

ils aux ennuis d'un déchargement s'il se présentait un concurrent anglais au moment du départ. Montchrestien résume la
situation en ces termes : « Les Anglais prohibent toute marchandise comme il leur plaît et quand il leur plaît ; au contraire, tout leur est permis en France, tout leur est libre en
tout temps.... ils ont en notre royaume tous et tels droits que
nous, et bien souvent ils y sont plus favorablement traités. »

En Espagne, les droits n'avaient pas, comme en Angleterre,
le but de protéger l'industrie nationale ; c'étaient de simples
procédés fiscaux, exorbitants d'ailleurs. Toute marchandise
payait à la sortie un droit de 10 à 20 0\0. L'exportation de l'or
était absolument prohibée, et c'était au prix des plus grands
dangers que nos marchands introduisaient sur notre territoire
quelques doublons espagnols.

La Hollande, il est vrai, se montrait plus libérale et ne
repoussait pas nos marchandises; mais elle-même avait une industrie très développée, des procédés et un outillage nouveaux,
elle produisait au delà de sa consommation, n'avait par conséquent nul besoin de nous, et nous écrasait par ses capitaux.

Il était nécessaire de connaître cette situation économique
de l'Europe avant de porter un jugement sur la conduite de
Colbert. Le libre échange devient un leurre quand il ne s'appuie pas sur une série de concessions réciproques. Il faut être
bien fort pour accepter chez soi une libre concurrence contre
laquelle tous les autres se défendent. C'est la gloire de l'Angleterre que d'avoir tenté cette redoutable épreuve de nos
jours et d'en être sorti à son honneur ; mais elle avait une
industrie en avance sur toutes celles de l'Europe et qui pouvait

défier toute concurrence. Ce n'était pas le cas pour la France
du xviie siècle.

Nos produits étaient tombés en discrédit par la faute même
des fabricants. Ils avaient essayé d'arriver au bon marché par
des manœuvres frauduleuses, par des falsifications de toute
sorte. Le remède avait été pire que le mal : les toiles de Normandie, de Bretagne, de Poitou durent céder le pas à celles des
Pays-Bas, les soieries de Lyon et de Tours disparurent devant
celles d'Italie ; et ainsi du reste.

La voix de Montchrestien qui réclamait la protection n'était
pas isolée : le pamphlétaire de Richelieu, Laffemas, Savary le
père la demandent avec lui. Elevé dans un milieu de marchands, au sein d'une industrie des plus menacées, celle des
draps, Colbert ne pouvait pas demeurer sourd à ces appels ; il
fit de la protection, et l'événement prouva qu'il n'avait pas tout
à fait tort.

Sa faute fut d'exagérer à outrance son système. C'est avec
raison qu'un contemporain a porté sur lui ce jugement : « Il
crut que le royaume de France se pourrait suffire à lui-même,
oubliant sans doute que le Créateur de toutes choses n'a placé
les différents biens dans les différentes parties de l'univers
qu'afin de lier une société commune (1). »

Amelot de la Houssaie raconte qu'un certain Hazon, marchand à Orléans, eut un jour la franchise de dire à Colbert :
« Vous avez trouvé le chariot renversé d'un côté, et depuis que
vous êtes venu au ministère, vous ne l'avez relevé que pour

____

(1) Abbé de Choisy, Mémoires, p. 117.

le renverser de l'autre. » C'est peut-être le jugement le plus exact qui ait été porté sur cette partie de l'œuvre de Colbert : le gros bon sens populaire a rarement tort. Puisqu'il est ici question d'un chariot, il faut reconnaître que celui de l'industrie doit se conduire avec une extrême prudence, qui sache garder le droit chemin entre les abus du monopole et les dangers d'une excessive liberté. L'économie politique doit se défier des axiomes trop absolus.

Le moment est venu d'examiner plus en détail quel était ce système qu'on appelle souvent le *Colbertisme*, d'autres fois le *Mercantilisme*, ou encore la *Balance du commerce*. Il repose sur cette théorie que l'unique richesse est la possession des métaux précieux.

L'irrémédiable décadence de l'Espagne, due surtout à la brusque affluence de l'or et de l'argent en ce pays, aurait dû ouvrir les yeux de Colbert. C'est au contraire, selon lui, à cette prodigieuse abondance d'argent « que toute l'Europe a dû la surprise de voir la maison d'un simple archiduc d'Autriche, sans aucune considération dans le monde, monter, dans l'espace de soixante ou quatre-vingts ans, à la souveraineté de tous les États de Bourgogne, d'Aragon, de Castille, Portugal, Naples, Milan ; mettre par ses pratiques secrètes notre royaume en un péril imminent, et enfin aspirer à l'empire de toute l'Europe, c'est-à-dire de tout le monde (1). » Colbert oublie trop la fameuse politique de mariages.

En 1679, nous le voyons encore ordonner à l'intendant d'Aix

____

(1) Mémoire de Colbert en 1663. P. Clément, Lettres, t. II, 1re partie, p. 18.

de faire visiter à Marseille les vaisseaux à destination du Levant et de confisquer tout l'argent comptant qu'ils emportent « contre la loi *universelle et fondamentale* de tous les États qui défendent, sous peine de la vie, les transports de l'or et de l'argent (1). » Voilà bien la preuve de cette conviction où est Colbert que l'or et l'argent sont la seule vraie richesse.

Quel moyen dès lors d'augmenter la masse des métaux précieux ? Si vous avez des mines, c'est de les exploiter ; mais si vous n'en avez pas, le seul moyen d'attirer l'argent, c'est de le faire venir de l'étranger. Il faut donc demander à l'étranger *peu de chose* et lui *vendre beaucoup* : c'est-à-dire favoriser *l'exportation* au détriment de *l'importation.*

Pour cela, il faut, d'abord, favoriser le développement de l'industrie nationale, afin de lui faire produire mieux que les nations voisines, et de décider ces nations à venir s'approvisionner chez nous. On assurera ainsi la consommation sur place des produits indigènes, tout en empêchant les capitaux français de sortir du territoire.

C'était surtout les industries de luxe qui avaient besoin d'être relevées en France. Colbert y donna tous ses soins. On ne connaissait pas, au xvii\ siècle, l'usage des papiers peints pour décorer les murs des appartements : on se servait pour cela de tapisseries fort chères, venues de Flandre. « Les tapisseries de Flandre cédèrent à celles des Gobelins » (2) ; et cette manufacture fondée en 1667 acquit dès le début une supériorité qu'elle n'a jamais perdue depuis. Les tapis et moquettes dès

(1) P. Clément, Lettres, t. II, p. 696.
(2) Voltaire, Siècle de Louis XIV, chap. 29.

Visite de Louis XIV à la Manufacture des Gobelins.

1664 se fabriquèrent à Beauvais ; mais les plus beaux produits furent ceux de la Savonnerie. « Les tapis de Turquie et de Perse furent surpassés à la Savonnerie (1). » La fabrication d'Aubusson, qui prétend remonter aux Sarrasins d'Abdérame, reçut une nouvelle impulsion.

Les dentelles nous venaient de la Flandre, ou encore de l'Italie. « On fit venir trente principales ouvrières de Venise et deux cents de Flandre, et on leur donna trente-six mille livres pour les encourager (2). » Bientôt le point d'Alençon ou de Valenciennes put rivaliser avec celui de Malines ou de Venise.

Colbert fut encore le créateur de l'industrie des glaces. Avant lui, elles venaient d'Italie : une tentative avait été faite sous Henri IV pour fixer cette industrie en France ; mais la manufacture fondée en 1607 au faubourg Saint-Antoine n'avait pas réussi. Celle de Saint-Gobain, que Colbert institua en 1666, devint bientôt la première de l'Europe, et l'est encore de nos jours.

La France fabriquait bien des draps communs et grossiers ; les draps fins venaient exclusivement d'Angleterre et de Hollande. Colbert y mit bon ordre : il appela à Abbeville un des meilleurs manufacturiers de la Hollande, Van Robais ; il lui assura de nombreux avantages, « deux mille livres par chaque métier battant, outre des gratifications considérables (3). »

(1) Voltaire, Siècle de Louis XV.

(2) Voltaire. — La Savonnerie était une manufacture située à Chaillot, alors village à la porte de Paris.

(3) Voltaire, Siècle de Louis XIV, chap. 29.

Abbeville devint ainsi un grand centre de production de draps fins, sans parler de Sedan et d'Elbeuf.

Esprit méthodique et absolu, Colbert prétendit fixer pour jamais cette industrie française qu'il avait rendue la première du monde. Il réunit les principaux négociants et industriels, leur demanda le dernier mot de leurs procédés et réunit toutes ces recettes en une sorte de code, admirable ensemble de règlements industriels et techniques, qui rendirent de grands services quand ils furent publiés ; mais un pareil code a besoin d'être fréquemment renouvelé.

Il était interdit de s'écarter en quoi que ce fût des procédés qui y étaient minutieusement décrits. Cela était fait pour encourager l'esprit de routine et pour tuer toute initiative individuelle. Croirait-on qu'un chapelier de Lyon vit, par arrêt du Parlement, sa marchandise saisie et détruite, parce qu'il avait imaginé de mêler du feutre à la soie, seule matière prévue par le règlement de Colbert ! De plus, le gouvernement s'arrogeait un droit de contrôle jusque sur la fabrication des objets les plus infimes. Il garantissait au public des chandelles « consciencieuses », du vinaigre « digne d'user au corps humain », de la moutarde « qui ne sente pas le muche » (1).

Ce code du commerce n'était pas d'ailleurs exempt d'un certain mysticisme, comme le prouve la lecture du passage suivant. Il s'agit de la teinture des laines : « Comme les quatre premières couleurs simples, qui sont le bleu, le rouge, le jaune et le fauve, peuvent être comparées aux quatre éléments, les

(1) Termes employés par les ordonnances royales.

trois premières aux transparents et lucides, et le dernier à l'opacité de la terre ; de même le noir peut être comparé à la nuit et à la mort, puisque toutes les autres couleurs se brunissent et s'ensevelissent dans le noir. Mais comme la mort donne fin à tous les maux de la vie, il est aussi nécessaire que le noir donne fin à tous les défauts des couleurs qui arrivent par le manque du teinturier, ou de la teinture, ou de l'usage qui change suivant le temps et le caprice des hommes. Car ainsi il n'est raisonnable ni utile au public qu'une étoffe qui manquera de débit, demeure la proie du ver et de la teigne dans un magasin, pendant qu'on la peut vendre en la faisant teindre en noir (1). »

Colbert dota encore le commerce et l'industrie d'un Conseil de surveillance permanent. Il réorganisa le Conseil établi par Henri IV dès 1602. L'ordonnance de 1665 établit que 18 villes nommeront 2 députés par vote. Trois d'entre eux, choisis par le roi, devaient entrer au Conseil du roi et devenaient de grands personnages. Ces 18 villes étaient Dunkerque, Calais, Abbeville, Amiens, Dieppe, le Havre, Rouen, Saint-Malo, Nantes, La Rochelle, Bordeaux, Bayonne, Tours, Narbonne, Arles, Marseille, Toulon, Lyon.

Tout en protégeant les produits de l'industrie, Colbert entendait aussi améliorer la situation des négociants et régler leurs rapports. Tel fut l'objet de l'ordonnance de commerce ou code marchand de 1673. Elle embrasse tout ce qui a rapport au commerce, fixe la condition des apprentis, les fonctions des

____

(1) Cité par **M. Levasseur, Histoire des classes ouvrières en France, t. I.**

agents de banque ou courtiers, règle la comptabilité commerciale, les lettres de change et billets à ordre, fixe la pénalité des faillites et banqueroutes. Une ordonnance de 1665 établit dans chaque corporation un tribunal des maîtres pour juger les délits des ouvriers, avec faculté d'infliger toutes les peines, sauf les galères ou la mort. L'édit de 1669 attribua aux maires et échevins des villes la connaissance des procès qui pouvaient s'élever entre les ouvriers et les maîtres, et le soin de faire exécuter les statuts des corporations.

Un autre grand encouragement au commerce est cette ordonnance de 1669 qui autorise « tous les gentilshommes à prendre part dans les vaisseaux marchands, denrées et marchandises d'iceux, sans être censés déroger à noblesse, pourvu qu'ils ne vendent point en détail (1) ». Ainsi les nobles ne dérogeaient pas en se livrant au commerce de gros. Une foule de nobles de nos provinces maritimes s'empressèrent de profiter des bénéfices de cette ordonnance, principalement à Nantes, à Saint-Malo et à Bordeaux.

Après avoir ainsi assuré le développement de l'industrie et du commerce, restait à assurer la consommation de la marchandise nationale dans le pays ; il fallait combattre l'importation étrangère. Colbert pour cela eut recours aux douanes.

Sans doute, il n'inventa pas les douanes. Elles existaient déjà de province à province. Les rois, en supprimant partout les péages au profit des seigneurs, n'avaient pas laissé que d'étendre les leurs. Cette multiplicité de douanes aux tarifs

____

(1) Recueil d'ordonnances. Isambert.

différents était une source d'abus, sans parler des entraves
apportées au commerce. On *fatiguait* les marchands, re-
mettant quelquefois à huit jours de faire l'inspection des
marchandises, à moins toutefois qu'ils n'eussent offert un
honnête présent. Il était toujours facile de trouver quelque
irrégularité dans la quantité, la qualité, le poids, la mesure
des marchandises portées sur la déclaration, et alors commençait un interminable procès où les commis étaient à la fois
juges et parties : on s'en tirait encore par une forte composition.

Si les intérêts du consommateur étaient lésés, ceux du trésor
ne l'étaient pas moins. Quelque négociant peu délicat était-il
pris en flagrant délit de fraude, il n'avait qu'à abandonner
gracieusement au commis la moitié des marchandises pour
s'en aller avec le reste (1). Grâce à ce système, les denrées
du Japon et de la Chine arrivent en France, dit Boisguilbert,
en quadruplant de prix ; mais les marchandises françaises
pour un trajet un peu long augmentent de dix-neuf et vingt fois
leur valeur ! « Donc, ajoute-t-il, les commis et les traitants
qui empêchent ce trajet sont six fois plus formidables et plus
destructeurs du commerce que ne sont les pirates, les tempêtes
et trois à quatre mille lieues de route (2). » Voltaire en 1751
était encore réduit à écrire : « Charger de taxes dans ses propres États les denrées de son pays, d'une province à une autre ;
rendre la Champagne ennemie de la Bourgogne, et la Guienne
de la Bretagne, c'est un abus honteux et ridicule : c'est comme

(1) Voir Boisguilbert, Détail de la France, p. 193 et suivantes.
(2) Détail de la France, p. 288.

si je postais quelques-uns de mes domestiques dans une anti-chambre pour arrêter et manger une partie de mon souper lorsqu'on me l'apporte » ; et il ajoute : « On a travaillé à corriger cet abus, et, à la honte de l'esprit humain, on n'a pu y réussir (1). »

C'est qu'en effet Colbert se montra faible en cette circonstance. Lui qui avait déployé tant d'énergie contre les financiers, les faux nobles, les villes endettées, il n'osa pas heurter de front les privilèges provinciaux. Il se contenta de proposer en 1664 un tarif uniforme pour les douanes intérieures. Douze provinces seulement l'acceptèrent et formèrent ainsi une sorte d'union douanière. Les marchandises y circulèrent dès lors en franchise et ne payèrent qu'une fois pour toutes, à la frontière de l'union. Ces provinces étaient : l'Ile-de-France, la Normandie, la Champagne, la Bourgogne, la Bresse, le Bugey, le Bourbonnais, le Poitou, l'Aunis, l'Anjou, le Maine, la Touraine. On les appelait *provinces des cinq grosses fermes*. Ce nom vient de ce que les 5 impositions principales étaient affermées à une seule et même compagnie. Voici d'ailleurs la série de ces impositions : 1° l'imposition foraine ou droit payé par toute marchandise vendue ; 2° droit de resue ou droit sur l'exportation ; 3° droit de haut passage ou permis d'exportation et de transit pour certaines marchandises ; 4° la traite d'Anjou ou droit d'entrée en Anjou par la Loire, les Ponts-de-Cé et Angers ; 5° le trépas de la Loire ou droit payé par toute marchandise sur la Loire.

(1) Dialogue entre un philosophe et un contrôleur général des finances.

Les provinces qui ne voulurent pas se soumettre au tarif établi par Colbert et qui conservèrent leurs douanes prirent le nom de *provinces réputées étrangères*. C'étaient l'Artois, la Bretagne, le Languedoc, le Dauphiné, la Franche-Comté, l'Auvergne. Toutes les barrières élevées contre l'importation étrangère existaient pour elles. Il leur devenait dès lors difficile de commercer avec le reste de la France. Cela n'était point fait pour déplaire à Colbert, qui les favorisa au point de vue de l'exportation. Il créa en effet onze entrepôts francs à la Rochelle, Ingrande, Rouen, le Havre, Dieppe, Calais, Abbeville, Amiens, Guise, Troyes, Saint-Jean de Losne, tous à peu de distance de la frontière, et il permit à tous les négociants des provinces réputées étrangères d'envoyer dans ces entrepôts leurs marchandises destinées à l'étranger sans payer de droits pour la traversée des provinces des cinq grosses fermes.

Enfin une troisième zone comprit des pays récemment annexés, que l'on voulait ménager dans leur amour-propre local et dans leurs préjugés. Les Trois Evêchés, l'Alsace et le pays de Gex formèrent les *provinces d'étranger effectif*. Elles gardaient leurs communications libres avec l'étranger et ne rencontraient d'obstacles que pour faire entrer leurs marchandises en France !

Telles sont les anomalies que Colbert ne put réussir à faire disparaître. Pour les douanes extérieures, il les employa à fermer l'accès de la France aux marchandises étrangères.

Le tarif de 1664 marque le premier pas dans la voie des prohibitions ; mais il fut encore bien aggravé par celui de 1667.

Les articles spécialement visés étaient surtout ceux fabriqués en Angleterre et en Hollande : draperies, bonneteries, tapisseries, cuirs, toiles, dentelles, glaces, ustensiles de fer-blanc. 25 aunes de drap, taxées 40 livres en 1664, étaient portées à 80 ; la tapisserie, qui payait 120 livres, en payait désormais 200 ; les 15 aunes de toile passaient de 2 livres à 4 ; les dentelles, de 25 à 60. En revanche, les droits de sortie étaient réduits.

On voit que Colbert poursuivait cette chimère de la *balance du commerce* par la comparaison des chiffres de l'importation et de l'exportation. C'est là, pour la fortune d'un pays, une évaluation bien incertaine : elle néglige ce facteur si important de la consommation sur place. Chaptal a calculé que la totalité des produits de la laine en France s'élève à 238 millions, dont 21 seulement sont exportés. La balance du commerce oublie de tenir compte des matières premières qui seront transformées avec plus-value par le travail national ; enfin elle pourrait se prêter à des calculs de ce genre : un navire sort de Marseille avec un chargement estimé 500,000 francs, à destination des Indes. Il sombre à peine sorti du port. L'exportation indique 500,000 francs, l'importation zéro ; bénéfice net, 500,000 francs qui dorment au fond de la mer. Au contraire, l'armateur échange ses marchandises contre d'autres de fabrication indienne pour 700,000 francs. L'importation est cette fois 700,000 contre l'exportation 500,000, soit une perte de 200,000 francs, quand c'est au contraire un gain dont le négociant pourra faire profiter le travail national !

Le tarif de 1667 fit jeter les hauts cris à la Hollande, déjà fort éprouvée par des mesures analogues que Cromwell avait introduites en Angleterre (1). Elle réclama par l'intermédiaire de son ambassadeur Van Beuningen qui « avait la vivacité d'un Français et la fierté d'un Espagnol. Il se plaisait à choquer dans toutes les occasions la hauteur impérieuse du roi, et opposait une inflexibilité républicaine au ton de supériorité que les ministres de France commençaient à prendre (2). » C'était là un mauvais avocat. Colbert ne peut supporter « la chaleur, l'emportement et les imaginations du sieur Van Beuningen ». Il prédit qu'il causera à la Hollande « les plus grands préjudices qu'elle ait reçus (3) ». Il écrivait ceci en 1668, songeant déjà à cette guerre qui n'éclata qu'en 1672. Chacun connaît les brillantes victoires des Français, la coalition de toute l'Europe brisée, le traité de Nimègue valant à Louis XIV le surnom de Grand. Et pourtant c'étaient là des succès plus apparents que réels. La Hollande avait forcé l'envahisseur à reculer devant l'inondation, elle gardait son territoire intact alors que Colbert méditait de la détruire en tant que nation ; enfin elle obtenait l'abrogation du fameux tarif de 1667 et le retour à celui de 1664.

Colbert aurait voulu que la France ne consommât que des produits français ; mais il est tel de ces produits que notre sol ne peut fournir. Le café, le sucre, le coton, l'indigo ne peuvent être obtenus que dans les pays chauds ; les fourrures au contraire viennent des régions septentrionales, la gomme de l'Afrique. Il ne faut pas pourtant, d'après Colbert, demander ces

(1) L'Acte de navigation.
(2) Voltaire, Siècle de Louis XIV, chap. 9.
(3) Lettre de Colbert, citée par P. Clément, p. 334.

marchandises à l'étranger ; on ne les aurait qu'en échange de ce précieux numéraire qu'il faut garder à tout prix. On doit donc s'arranger de façon à produire ces choses-là soi-même, d'où nécessité des colonies. Il faut avoir un coin d'Amérique pour le sucre, des Indes pour les épices, d'Afrique pour y chercher des nègres qui cultiveront les plantations. Ces colonies ne sont pour la métropole qu'un instrument. C'est là ce qu'on appelle le *pacte colonial*, système qui subordonne l'intérêt de la colonie à celui de la métropole.

C'est en se plaçant uniquement à ce point de vue que Colbert eut des colonies. Il racheta les Antilles à des particuliers, rattachant ainsi la Guyane et la Louisiane. Il s'occupa activement de nos établissements au Canada, auxquels il donna une vive impulsion ; il accorda sa bienveillance au hardi explorateur Cavelier de la Salle qui explora les bouches du Mississipi, remonta le fleuve, et, rejoignant au confluent de l'Ohio l'expédition du Père Marquette, nous donna la Louisiane (1). L'Acadie, Terre-Neuve, Saint-Pierre et Miquelon devinrent le centre de nos grandes pêcheries. En Afrique, Gorée et Saint-Louis à l'embouchure du Sénégal, l'estuaire du Gabon ; l'île Bourbon et l'île de France dans le voisinage de Madagascar reçurent des colons français. Aux Indes, Pondichéry fut fondée.

Colbert, en étendant notre empire colonial, eut le grand mérite de faire tout ce qui était en son pouvoir pour y rendre moins dure la condition des esclaves. C'était là un soin qui semblait peu toucher les autres nations. Le *code noir* nous

(1) Voir Charlevoix, Histoire du Canada.

semblerait bien dur de nos jours ; c'était un grand progrès
pour le temps où il parut. Sans doute la peine de mort était
prononcée contre tout esclave qui frappait son maître au
visage ; tout fugitif était marqué à l'épaule, avec rupture du
jarret en cas de récidive, et la mort à la troisième tentative ;
mais le maître cessait de pouvoir mutiler ou torturer un esclave
à sa fantaisie ; il était obligé de nourrir l'esclave infirme, sous
peine de le voir transporté dans un hôpital et entretenu à ses
dépens ; il ne pouvait vendre séparément le mari, la femme et
les enfants au-dessous de 14 ans ; il ne pouvait marier l'esclave
contre son gré, et s'il avait des enfants d'une de ses esclaves,
il perdait aussitôt tout droit sur la mère, à moins de l'épouser,
ce qui rendait les enfants libres.

Colbert rêvait la création de grandes compagnies privilégiées
qui auraient monopolisé tout le commerce d'outre-mer. Il créa
la Compagnie du Nord, pour la pêche de la baleine, de la morue,
pour les pelleteries. Il créa les deux grandes Compagnies des
Indes occidentales (Amérique) et des Indes orientales (Afrique
et Asie). Il faut reconnaître que ces tentatives furent malheu-
reuses. La seule compagnie qui ait végété plutôt que vécu est
celle des Indes orientales ; elle vivait encore en 1714, quand
les autres avaient depuis longtemps disparu. Elle avait surtout
fait des tentatives sur Madagascar. Le marquis de Mondevergue fut investi par elle des hautes fonctions de gouverneur, et
arriva dans l'île escorté de 10 vaisseaux, dont un de trente-six
canons. Son administration fut excellente. Il appliquait à Madagascar les procédés que Dupleix devait plus tard employer
avec tant de succès en Inde. Malheureusement la Compagnie,

dès 1670, se vit contrainte de rétrocéder l'île au roi. Colbert ne sut pas garder Mondevergue. Il le remplaça par un certain de la Haye, homme violent et brutal, qui souleva toute l'île contre nous. Fort-Dauphin fut surpris, et tous les Français furent massacrés. Ainsi finit d'une façon tragique cette première colonisation de Madagascar par la France : s'il n'a pas réussi, Colbert a du moins le mérite d'avoir établi d'une façon indéniable nos droits sur la grande île.

On a accusé Colbert d'avoir négligé l'agriculture : cela est injuste. Le rétablissement des haras par l'achat d'étalons en Angleterre, en Allemagne et en Afrique, l'introduction des béliers de bonne race, la défense faite dès 1663 de saisir les bestiaux de labour pour le paiement de la taille, justifient amplement le ministre de ce reproche immérité. En 1667, il étendit même cette interdiction à toutes les dettes du paysan autres que le fermage. Il se trouva que Colbert dépassait le but. En privant le créancier d'un nantissement assuré, il frappait l'agriculteur dans son crédit.

Pour tout ce qui touche l'agriculture, Colbert, plein de bonnes intentions, a la main malheureuse. Hanté, comme tous ses contemporains, par le spectre de la famine, il revient sur la meilleure mesure administrative prise par Sully : je veux dire qu'il interdit le commerce des blés et défend sa circulation *de province à province*. « C'est la seule tache du ministère de Colbert, a dit Voltaire, et elle est grande (1). »

Colbert n'est point sans excuse. Lors de son avènement,

(1) Siècle de Louis XIV, chap. 30.

deux mauvaises récoltes successives avaient causé des souffrances épouvantables. On avait vu des pauvres *mourir de
faim*. Un document cité par M. Pierre Clément nous montre
des malheureux « sans habit, sans linge, sans meubles, noirs
comme des maures, la plupart défigurés comme des squelet-
tes, et les enfants enflés (1). » On voyait des bandes de
paysans organisés pour le pillage, nullement effrayés par la
perspective de la potence, qui leur semblait au contraire le
terme de leurs maux. On mangeait l'herbe des chemins ; on vit
des malheureux déterrer des cadavres et s'en repaître !

Colbert partagea les préjugés de son temps. On croyait que
faire sortir du blé de la province c'était la vouer à la famine.

Ce préjugé fut bien long encore à disparaître. En 1790, il y
eut une grave émeute à Saint-Quentin parce que l'administrateur des hospices avait fait sortir trois voitures de blé de la
ville ! On ne voulait pas comprendre cette vérite, si simple
pourtant, que la liberté du commerce des grains assure le
bien-être général, sans parler du bénéfice de l'agriculteur.
Voici à ce sujet une page remarquable due à la plume d'un
maître :

« Supposez que toutes les provinces de France soient enve-
loppées de barrières, et que la Normandie ne puisse rien
acheter ou vendre à l'Ile-de-France. D'abord la Normandie,
obligée de se suffire à elle-même, devra mettre une partie de
son territoire en pâturage, une autre en terre à blé. Si le
territoire normand est surtout propre à faire des pâturages,

(1) P. Clément, p. 111 et 59.

l'agriculteur, obligé de faire du blé, ne tirera point de sa terre autant de produit qu'il pourrait le faire. Supposez au contraire que la Normandie et l'Ile-de-France communiquent librement. La Normandie est une terre bonne pour les pâturages ; l'Ile-de-France est une bonne terre pour les blés. Chacune des deux provinces suivra sa vocation naturelle... l'herbagiste normand ira chercher son blé dans l'Ile-de-France; le cultivateur de l'Ile-de-France achètera ses bestiaux en Normandie. Plus il y aura de pays communiquant ainsi entre eux, plus il sera facile à chacun d'eux de tirer de son sol tout le parti possible. Mais l'isolement des provinces est funeste pour d'autres raisons encore. Supposez que telle province, bien fermée de barrières, ait une très belle récolte; elle a du blé plus qu'il n'en faut pour sa consommation : aussi le blé est-il fort bon marché; mais alors le laboureur n'est plus payé de sa peine... Au contraire, la récolte est mauvaise, le blé manque: c'est la famine. Mais si l'on enlève les barrières, la province pourra, dans les bonnes années, vendre son blé dehors et au loin; dans les mauvaises, en acheter où il s'en trouve. Plus sont nombreux les pays qui communiquent ainsi librement entre eux, plus sont faciles les communications, moins est grand le danger de famine (1). »

C'est pour ne pas avoir compris cette vérité que Colbert, sans le vouloir, porta un coup sensible à l'agriculture. « Le laboureur craignit de se ruiner à créer une denrée dont il ne pouvait espérer grand profit; et les terres ne furent pas aussi

(1) Lavisse, *Sully*, p. 107 et 108.

bien cultivées qu'elles auraient dû l'être (1). » En multipliant les arrêts relatifs au commerce des grains, Colbert « le ruina complètement et entraîna dans cette ruine les propriétaires et les cultivateurs (2). » Son administration « porta un coup funeste à l'agriculture, cela est incontestable ; il y aurait mauvaise foi évidente à ne pas le confesser (3). » Le même historien qui porte ce jugement sévère ajoute cette conclusion qui sera aussi la nôtre :

« Il y aurait plus d'injustice encore à attribuer à ce grand homme un éloignement systématique pour l'agriculture et comme un parti pris de la ruiner. »

(1) Voltaire, Siècle de Louis XIV, chap. 30.
(2) P. Clément, p. 278.
(3) Joubleau, Etudes sur Colbert, t. II, p. 17.

CHAPITRE IV.

COLBERT INTENDANT AU DÉPARTEMENT (1) DE LA MARINE. — RÉORGANISATION DE NOTRE MARINE MARCHANDE ET MILITAIRE.

Pour transporter les produits étrangers en France et aussi pour exporter ceux du travail national, la voie de mer offre de grands avantages. Au moyen âge, les Juifs et les Lombards faisaient le commerce français. Les provinces royales n'avaient qu'un petit nombre de ports : Rouen, Dieppe, la Rochelle, Aigues-Mortes. La marine française ne s'occupait que de pêche. Quand Louis XIV prit réellement le pouvoir, c'étaient encore les étrangers qui venaient chercher nos marchandises et qui donnaient de l'activité à nos ports. Les Hollandais s'étaient ainsi faits les courtiers de presque tout le commerce du globe. Ils avaient à ce métier gagné de très grandes richesses, et leur marine marchande avait pris un développement extraordinaire : on l'évaluait à 18,000 bâtiments, tandis que toutes les autres nations réunies auraient à peine pu en opposer 2,000. Dans ce chiffre modeste, la France ne comptait pour rien.

(1) Colbert ne devint secrétaire d'État à la marine qu'en 1669, après le désistement de Lionne.

Cette situation avait déjà alarmé les Anglais. Par la publication du fameux Acte de Navigation (1651), Cromwell avait assuré le monopole du commerce anglais aux vaisseaux nationaux. Toute marchandise venant d'un pays non européen ne pouvait être importée que sur vaisseau anglais; tout produit de provenance européenne ne pouvait être importé que par un vaisseau appartenant au pays de production ou par navire anglais. C'était, on le voit, une interdiction presque absolue des ports anglais aux vaisseaux hollandais; et comme l'Angleterre ne peut se passer des produits du continent, il en était résulté un rapide accroissement de la marine marchande indigène.

Cet exemple n'avait pas tardé à être suivi en France. Mazarin, en 1659, avait tiré de l'oubli un vieil édit de Henri IV qui frappait d'un droit de 50 sous par tonneau tout navire étranger entrant dans un port français; vainement l'ambassadeur hollandais protesta: Mazarin ne trouva pas le temps de l'entendre; Fouquet ne fit que passer; Colbert n'était point pour revenir sur une mesure dont il avait été probablement l'inspirateur; ne fallait-il pas, d'ailleurs, empêcher de sortir l'argent du fret? Il tint donc la main à ce que l'édit fût rigoureusement appliqué à l'entrée de chaque port français, lors même que le droit avait déjà été acquitté dans un port voisin. C'était frapper d'un coup plus sûr encore la marine hollandaise, qui complétait son chargement en allant de port en port, c'est-à-dire en faisant le cabotage.

La paix de Nimègue porta encore un coup sensible à cette partie du système de Colbert; il fut convenu que le droit ne serait plus perçu qu'une fois pour toutes à l'entrée du premier port, et que le navire entrerait dès lors en franchise dans les autres (1678). Il fut même définitivement supprimé à la paix de Ryswyk (1697); mais il avait dès lors porté ses fruits.

En effet, pour remplacer les courtiers étrangers, il fallait créer une marine nationale. Colbert ne ménagea point les encouragements aux armateurs. « Tous ceux qui firent construire des vaisseaux dans les ports du royaume reçurent 5 livres pour chaque tonneau que leur navire pouvait contenir (1). » Le nombre en fut bientôt très considérable.

Maintenant qu'on avait des vaisseaux, il était important de leur donner un *code maritime* et de faire disparaître la variété des anciennes règles qui régissaient tout ce qui concerne la navigation. L'ordonnance maritime de 1681 est restée en vigueur jusqu'à la Révolution. Elle fixait la juridiction maritime, précisait les garanties à exiger des patrons de navire, posait les règles des contrats et assurances maritimes, déterminait la police des ports et des côtes.

L'organisation consulaire fut entièrement modifiée. La France dès 1535 avait, seule de toutes les nations européennes, conclu des traités de commerce ou *capitulations* avec le Sultan. Elle avait envoyé des *consuls* dans les villes du Levant, avec mission d'y protéger aussi le culte catholique. Les successeurs de François Ier négligèrent de tirer parti de cette heureuse situation.

D'autres puissances obtinrent des avantages analogues à

(1 Voltaire, Siècle de Louis XIV, chap. 29.

ceux de la France, leurs agents ne se firent point faute de
décrier les Français. Notre personnel consulaire était d'ailleurs
des plus mauvais. La plupart des consuls ne résidaient pas et
louaient leur charge au plus offrant. Ces adjudicataires ou
fermiers, pressés de rentrer dans leur argent, se livraient à
des exactions éhontées. Contrairement aux ordonnances, ils
faisaient le commerce pour leur propre compte; ils prélevaient
des droits arbitraires sur les navires. Colbert réforma tout
cela, imposa la résidence aux consuls, leur défendit de commercer ou de lever aucun droit maritime, exigea d'eux des
avis réguliers et des renseignements. La Porte reconnut la
présence de notre ambassadeur, donna à nos nationaux des
facilités exceptionnelles, surtout pour le commerce d'exportation. En aucun cas, nos négociants ne pouvaient être faits
esclaves, ils restaient justiciables uniquement de leurs ambassadeurs ou de leurs consuls.

Notre commerce ne tarda pas à ressentir les heureux effets
de toutes ces mesures. Les négociants italiens accoururent à
Marseille déclaré port franc, y apportèrent des capitaux, y
construisirent des navires sous pavillon français. Nos draps
recommencèrent à circuler dans tout l'Orient, au grand chagrin des Anglais, et pénétrèrent jusqu'en Arménie et en Perse.
Dès 1662, Dunkerque avait été déclaré port franc; Colbert
espérait en faire pour le Nord ce que Marseille était pour le
Midi.

Pour défendre une marine marchande, principalement en ce
temps où la *course*, c'est-à-dire la guerre de corsaires, était
autorisée, il fallait absolument une marine de guerre. Colbert

la créa de toutes pièces. C'est là surtout qu'éclata son génie.

Richelieu avait fait dans ce sens des essais louables, qui avaient été entièrement abandonnés par son successeur. En 1660, la flotte de guerre française ne se composait que de trente vaisseaux, la plupart hors d'usage. En 1683, elle en comptait 176, et il y en avait 100 autres en construction. L'effectif normal de la flotte avait été fixé par le roi à 120 vaisseaux de 20 à 120 canons. Trente frégates légères devaient fournir une sorte de service d'éclaireurs ; vingt brûlots et vingt-quatre flûtes ou navires de charge portaient cet effectif à 194 bâtiments de toute dimension, armés de 5,000 canons de fer et 3,000 de bronze! et encore ne compte-t-on pas les galères ou vaisseaux à rames!

Tout cet appareil de guerre était réparti entre cinq arsenaux : Brest, Toulon, le Havre, Dunkerque et Rochefort, qui fut créé tout exprès. Le Havre, reconnu peu propre pour la marine de guerre, fut négligé au profit de Brest, dont la haute fortune commença. Par les ordres de Colbert, Duquesne y travailla pendant huit ans, tandis que les deux rives du *goulet* s'armaient de batteries formidables qui en fermaient l'accès aux flottes ennemies.

Colbert projetait encore un entrepôt pour la marine à Belle-Ile, l'agrandissement de Port-Vendres, afin d'avoir un port de guerre à proximité de l'Espagne. Il avait signalé la nécessité de Cherbourg. Une commission fut nommée en 1665 et alla sur place étudier la possibilité de ce travail gigantesque, Malheureusement elle déclara l'entreprise impossible, « vu la monstrueuse dépense et l'incertitude du succès. » Le désastre de la Hougue devait plus tard démontrer qu'on n'aurait pas dû reculer devant des considérations d'économie. Commencée sous Louis XVI, cette construction si difficile ne s'est terminée que de nos jours.

Pour cette flotte si admirablement organisée et pourvue, il fallait des marins. Dans l'armée de terre, le recrutement était toujours facile, surtout aux époques de misère; on s'engageait alors pour avoir du pain. Grâce à l'esprit militaire de la France, la recrue devenait bientôt un soldat. Pour la marine, il fallait des hommes dressés à un service bien autrement difficile, pourvus d'une préparation datant de loin. On n'avait d'autre ressource, au moment des armements, que de faire *la presse* des matelots. On enlevait dans les ports les équipages des bâtiments de commerce; on les enrôlait de force sur les navires du roi : c'est le système inique qui resta longtemps encore pratiqué en Angleterre, si fière de sa marine et de ses libertés!

Colbert y substitua l'inscription maritime et le système des classes. Une ordonnance du 17 septembre 1665 en fit un premier essai dans le gouvernement de la Rochelle, de Brouage, des îles de Ré et d'Oléron; trois ans plus tard, il fut étendu à tout le reste de la France côtière.

Toute la population maritime était répartie en trois classes servant un an à tour de rôle sur les vaisseaux du roi. Pendant cette année, les hommes devaient recevoir sur les vaisseaux la solde entière ; à terre ils touchaient la demi-solde. La convocation se faisait au prône des messes paroissiales; les marins désignés devaient se rendre en 10 jours à leur port d'embarquement. Les hommes d'un même pays servaient ensemble.

Dès leur jeune âge, les enfants étaient dressés à la manœuvre. Quelques modifications ont bien été apportées par le temps et l'expérience au régime des classes, mais le principe est toujours resté le même et demeure encore appliqué de nos jours.

Comme compensation à l'inscription maritime, par un ingénieux système de retenues, Colbert se procura les fonds pour la création d'une caisse des invalides de la marine. Deux hôpitaux s'élevèrent pour les marins à Rochefort et à Toulon.

Pour fournir des officiers, dès 1669 on créa une compagnie de deux cents gardes de la marine, parmi lesquels cinquante soldats de fortune : ce fut une sorte d'école de marine qui s'ouvrit ainsi à Saint-Malo. Quelques années plus tard, le nombre des gardes de marine fut porté à huit cents : ils suivaient des cours d'hydrographie, de géographie, de mathématiques, et étaient rompus à toutes les manœuvres.

Ici encore, il y a une réserve à apporter aux louanges que mérite Colbert. Pour trouver les équipes de rameurs nécessaires aux galères, il montra une véritable cruauté. Il écrivait aux intendants de faire des râfles de vagabonds ou de gens sans asile qu'on envoyait ensuite, sans autre forme de procès, ramer sur les vaisseaux du roi! Colbert était peu scrupuleux sur les moyens, dès qu'il s'agissait de l'intérêt de son maître.

CHAPITRE V.

COLBERT SURINTENDANT DE LA MAISON DU ROI.

C'est à ce titre qu'il présidait à la distribution des pensions ; et celles dont il gratifia les gens de lettres lui ont valu la réputation d'un Mécène. Elle n'est pas tout à fait méritée.

Colbert voulait que Louis XIV passât pour le prince le plus magnifique et le plus éclairé de l'univers. Il lui ménageait la bienveillance de ceux qui tenaient le porte-voix de la renommée. « Ce n'était pas par sentiment, dit le président Hénault, que Colbert aimait les artistes et les savants ; c'était comme homme d'État qu'il les protégeait, puisqu'il avait reconnu que les beaux-arts sont seuls capables de former et d'immortaliser les grands empires. »

Nous possédons une liste des pensionnés pour l'année 1663 ; elle abonde en appréciations curieuses. « Le sieur Molière, excellent poëte comique », y figure pour la somme de mille livres, précisément la même que celle qui est allouée « au sieur abbé de Pure, qui écrit l'histoire en latin pur et élégant. » Une telle libéralité devait échauffer la bile de Boileau. Le « sieur Pierre Corneille » est bien qualifié de « premier poëte dramatique du monde » et touche 2,000 livres ; mais qu'est-ce à côté du « sieur Chapelain, le *plus grand poète fran-*

çais qui ait jamais été, et du plus solide jugement ! » soit : 3,000 livres. Il est bon de dire que Colbert avait remis au même Chapelain le soin de préparer et de rédiger la liste

Louis XIV.

motivée des pensions. Racine ne touche que 800 livres ; mais il n'avait encore produit que son ode aux nymphes de la Seine, à propos du mariage du roi. L'abbé Cotin, aux sermons duquel, selon Boileau, on était assis fort à l'aise, est pourtant

qualifié de « poète et orateur français » et touche 1,200 livres :
plus que Molière ! L'histoire est bien traitée, puisque l'historiographe Mezerai est inscrit pour 4,000 livres.

On regrette de voir le nom de La Fontaine systématiquement
rayé de cette liste des pensionnés du roi. Colbert ne lui par-
donna jamais son attachement aux nymphes de Vaux. Le fabu-
liste s'en vengea de la façon la plus spirituelle et la plus délicate. Colbert venait d'être guéri par le quinquina d'un violent
accès de fièvre maligne. La Fontaine écrivit une pièce de vers
d'où je détache ce passage :

> Et toi que le quina guérit si promptement,
> Colbert, je ne dois pourtant te taire...
> D'autres que moi diront ton zèle et ta conduite,
> Monument éternel aux ministres suivants.
> Ce sujet est trop vaste, et ma muse est réduite
> A dire les faveurs que tu fais aux savants.

Ces faveurs allaient chercher même des étrangers, du moins
jusqu'à l'année 1672. « Le bibliothécaire du Vatican, Allacci ;
le comte Gratiani, secrétaire d'État du duc de Modène ; le célèbre Viviani, mathématicien du grand-duc de Florence ; Vos-
sius, l'historiographe des provinces unies ; l'illustre mathématicien Huyghens ; enfin jusqu'à des professeurs d'Altorf et de
Helmstadt, villes presque inconnues des Français, furent étonnés de recevoir des lettres de M. Colbert, par lesquelles il
leur mandait que si le roi n'était pas leur souverain, il les
priait d'agréer qu'il fût leur bienfaiteur (1). » Viviani répondit

(1) Voltaire, Siècle de Louis XIV, chap. 25.

par un calembour latin. Sur le fronton d'une maison qu'il fit bâtir avec les libéralités de Louis XIV il grava cette inscription : *Ædes a Deo data* : « Maison par Dieu donnée ». Le roi de France s'appelait aussi Dieudonné.

Ces largesses avaient souvent un but politique. C'est ce que prouve une lettre de Chapelain à Colbert, à propos d'un savant allemand pensionné par le roi : « J'ai considéré comme un bonheur d'avoir rencontré un savant homme, désintéressé et non suspect de partialité, qui d'office voulut être, en des pays où nous ne sommes pas aimés, la trompette et la gloire de Sa Majesté et de vos si justes louanges. Il parcourra toute l'Espagne et les y répandra avec courage et fidélité, et du moins à son retour nous rendra conte (*sic*) du succès qu'elles y auront eu (1). »

Colbert aimait la réglementation. Il éprouvait comme une sorte de besoin de marquer son empreinte sur toutes les branches de l'activité humaine : il est le véritable créateur de l'Académie des inscriptions et belles-lettres ; l'Académie des sciences est fondée par lui en 1666 ; puis c'est le tour de celle de peinture qui est *rénovée* sous l'impulsion de Lebrun, de celle d'architecture qui est instituée en 1671. C'est de lui seulement que datent les quarante fauteuils de l'Académie française. Jusqu'alors les immortels avaient dû se contenter de simples escabeaux. Un jour, l'un d'entre eux, grand seigneur, se fit apporter un superbe fauteuil. Dès le lendemain, 39 fauteuils pareils étaient, par les soins de Colbert, installés dans

____

(1) Citée par P. Clément, p. 190.

la salle de séance. Pour assurer l'assiduité des académiciens, il imagina les jetons de présence, et depuis lors, ajoute malignement l'abbé d'Olivet, les travaux avancèrent mieux et plus vite.

L'assemblée reconnaissante ne pouvait mieux faire que d'admettre Colbert dans son sein : c'est ce qu'elle fit en effet, bien que les titres littéraires du nouvel élu fussent des plus modestes. Il ne faudrait pas pourtant exagérer, ainsi que le fait le même abbé d'Olivet quand il prétend que Colbert fut dispensé de prononcer le discours d'usage. Une pièce officielle prouve le contraire ; c'est un article de la *Gazette de France* du 30 avril 1667 : « Le 21 du courant, le duc de Saint-Aignan, ayant été prendre le sieur Colbert en son logis, le conduisit en l'Académie française.... laquelle l'avait depuis longtemps invité à lui faire l'honneur d'être un de ses membres ; et, après y avoir été reçu *avec les cérémonies ordinaires, il fit un discours* à la louange du roi, avec tant de grâce et de succès qu'il en fut admiré de toute la savante compagnie. »

Il faut bien croire la *Gazette de France ;* mais, heureusement pour sa mémoire, Colbert a d'autres mérites que ceux d'académicien !

CHAPITRE VI.

Ce titre faisait de Colbert une sorte de ministre des travaux publics. Là encore son infatigable activité fit des merveilles. Il est le premier et véritable continuateur de Sully.

Il donna tous ses soins à l'entretien des routes établies par son illustre prédécesseur ; il en créa de nouvelles et d'ailleurs aussi belles. « C'est une chose extraordinaire que la beauté des routes, écrit madame de Sévigné ; on n'arrête pas un seul moment ; ce sont des mails et des promenades partout ; toutes les montagnes aplanies, la rue d'Enfer un chemin de paradis (1). » Et, un demi-siècle plus tard, Voltaire ajoutait : « De quelque côté qu'on sorte de Paris, on voyage à présent cinquante ou soixante lieues à quelques endroits près, dans des allées fermes, bordées d'arbres. Les chemins construits par les anciens Romains étaient plus durables, mais non pas si spacieux et si beaux (2). » Au moment où allait éclater la Révolution, un voyageur anglais, Arthur Yung, parcourait la France en observateur méthodique et consignait par écrit ses impressions de voyage. Il ne peut retenir un cri d'admiration à la vue

(1) Madame de Sévigné à Madame de Grignan, 1687.
(2) Voltaire, Siècle de Louis XIV, chap. 29.

des belles routes qui sillonnent la France, et confesse qu'il n'en a point vu de comparables en Angleterre. C'était une justice rendue à l'œuvre de Colbert.

Le grand ministre s'occupa aussi des routes d'eau : « de ces.

Riquet.

chemins qui marchent », selon l'expression de Pascal. On peut dire que le premier canal de jonction date de lui, car, reprenant l'œuvre interrompue de Sully, il fit achever le canal de Briare, unissant ainsi par le Loing la Loire et la Seine. Mais son œuvre la plus considérable, celle qui excita au plus haut point l'enthousiasme des contemporains, ce fut le percement du canal des deux mers ou du Languedoc, c'est-à-dire du canal du Midi.

Ici tout l'honneur de l'initiative revient à un particulier :
Pierre-Paul Riquet, originaire de Béziers, « n'entendant ni
grec ni latin, dit un contemporain, à peine sachant parler français, et qui ne peut s'expliquer sans bégayer. » Mais la nature
l'avait fait géomètre et ingénieur, et il osa reprendre à lui seul
un projet où avaient échoué tous ses devanciers.

En effet, l'idée d'unir l'Océan et la Méditerranée n'était pas
nouvelle : on l'avait eue dès l'époque de Charlemagne, on
l'avait discutée sous François I⁰ʳ ; en 1589, Pierre Reneau en
avait ébauché la réalisation. Aux états généraux de 1614, les
députés du Languedoc avaient demandé la reprise du projet
de Reneau ; il s'était présenté des chercheurs hardis, comme
Bernard Aribal en 1617 ; mais toutes les tentatives étaient restées
sans résultat.

Dès 1650, Riquet commence ses recherches. Pendant douze
ans, il transforme ses jardins en chantiers d'essai. « Il y mul-
tiplie en miniature les rigoles, les épanchoirs, les montagnes percées, les viaducs, corrigeant toujours quelque chose,
et toujours mécontent (1). » Enfin il croit avoir trouvé ; il
obtient une audience de Colbert, lui expose ses vues ; le grand
ministre les trouve admirables ; mais il ne peut contribuer
comme il le voudrait à leur exécution ; il faut se souvenir qu'il
était occupé à réformer les finances et à faire *rendre gorge* aux
partisans. Peu importe : l'ingénieur risquera noblement sa
fortune ; et d'ailleurs Colbert, par un artifice innocent, saura
lui trouver des bailleurs de fonds.

(1) Voir sur toute cette question le consciencieux travail de M. Desdevizes
du Dézert. — Mémoires de l'Académie de Caen, 1881.

Il accorda à Riquet d'assister silencieusement dans un coin de son cabinet à plusieurs conférences qu'il eut en ce moment avec les plus riches financiers du temps. Ceux-ci présument aussitôt que cet homme noir et austère jouit de la haute faveur et des confidences d'un ministre qu'il fallait apprivoiser. Ils lui offrent une première fois 200,000 livres, et comme Riquet montrait une incorruptibilité superbe, ils allèrent jusqu'à 500,000 ; Riquet alors accepta, mais à titre de prêt, et Colbert s'amusa beaucoup de l'aventure.

Enfin les travaux commencèrent en 1687. L'argent nécessaire fut demandé un peu à tout le monde, aux riverains les plus intéressés, aux états provinciaux, mais surtout au trésor royal, qui paya le prix des expropriations. Colbert laissa sans doute la haute direction de l'entreprise à Riquet, mais tout en sauvegardant les droits de l'État et en lui adjoignant comme collaborateur le chevalier de Clerville, rival malheureux de Vauban.

Toutes les petites rivières torrentielles des Cévennes méridionales sont captées : « Il semble que les fleuves soient des divinités figurées par autant de statues, et qu'il suffise, pour accaparer leurs eaux, de changer la direction des amphores. » Ces eaux sont jetées dans les immenses bassins de Lampy et de Saint-Ferréol, qui forment le bief de partage : c'est-à-dire le réservoir destiné à alimenter les deux versants du canal. L'esprit demeure confondu à la vue de ce prodigieux travail. Les bassins couvrent une superficie de 67 hectares renfermant 6,400,000 mètres cubes d'eau. Les murs qui supportent la formidable poussée de cette masse d'eau ont 70 mètres d'épais-

seur et 32 de hauteur ! La muse de Corneille en fut inspirée,
d'une façon assez médiocre il est vrai :

> La Garonne et l'Atax, en leurs grottes profondes,
> Soupiraient de tout temps pour marier leurs ondes,
> Et faire ainsi couler, par un heureux penchant,
> Les trésors de l'aurore aux rives du couchant ;
> Mais à des feux si doux, à des flammes si belles,
> La nature, attachée à des lois éternelles,
> Pour invincible obstacle opposait fièrement
> Des monts et des rochers l'affreux enchaînement (1).
> France ! ton grand roi parle, et les rochers se fendent,
> La terre ouvre son sein ; les plus hauts monts descendent,
> Tout cède, et l'eau qui suit les passages ouverts
> Le fait voir tout-puissant sur la terre et les mers.

Colbert présida encore à toutes les grandes constructions
du règne de Louis XIV. Il n'entre point dans le plan de cet
ouvrage de décrire les fastueuses et inutiles splendeurs de
Versailles ; il suffira de dire que Colbert pourvut à tout, non
sans mauvaise humeur cependant. Il estimait que le Louvre
méritait mieux les faveurs royales que ce Versailles arraché
en quelque sorte par violence à la nature. Il écrivait à
Louis XIV : « Pendant que Votre Majesté a dépensé de très grandes sommes en cette maison (Versailles), elle a négligé le Louvre,
qui est assurément le plus superbe palais qu'il y ait au monde
et le plus digne de la grandeur de Votre Majesté. »
Il eut moins la consolation d'achever ce Louvre qu'il aimait
tant. On fit pour cela venir d'Italie à grands frais le chevalier

(1) Cet affreux enchaînement est simplement le col de Naurouze de 190 mètres au-dessus du niveau de la mer ; mais il faut être indulgent pour l'enthousiasme poétique.

Château de Versailles sous Louis XIV.

Bernini ou le Bernin, réputé le plus grand architecte du temps. Il laissa un plan qui ne fut pas d'ailleurs exécuté. On lui préféra celui d'un Français, Claude Perrault : c'est ainsi que cette magnifique colonnade tournée vers Saint-Germain-l'Auxerrois peut être réputée un monument entièrement national.

La bibliothèque royale lui dut une partie de ses richesses, connues encore aujourd'hui sous le nom de *fonds Colbert*. Son propre frère, Nicolas Colbert, évêque d'Auxerre, en accepta la garde. Elle fut transportée en 1666 dans deux maisons de la rue Vivienne, propriété de Colbert, contiguës à son hôtel, et qui lui venaient d'un legs de Mazarin. Ces bâtiments font encore aujourd'hui partie de la Bibliothèque nationale.

Il fit en 1667 construire l'*Observatoire*, et bientôt de belles découvertes y furent faites par les Cassini et les Huygens qu'il avait attirés par ses bienfaits. Il pourvut aux dépenses de la construction de l'hôtel des Invalides. Ces deux arcs de triomphe qui subsistent encore à Paris sous le nom de porte Saint-Denis et de porte Saint-Martin furent également construit sous le ministère de Colbert.

Avant lui, les habitants de Paris était chargés du pavage de la ville ; il prit au compte de l'Etat cette charge pénible et d'ailleurs mal remplie ; il pourvut à l'éclairage public, qu'il rendit plus régulier et plus complet ; dès 1666 il assura la police de la capitale par l'établissement de vingt-quatre corps de garde. Dès lors on n'eut plus le droit de dire avec Boileau :

> Le bois le plus obscur et le moins fréquenté
> Est, auprès de Paris, un lieu de sûreté (1).

(1) *Les Embarras de Paris*, Satire VI.

Il est permis de présumer que, laissé à lui-même, Colbert n'aurait fait parmi ces dépenses que celles véritablement utiles. Il est curieux de rechercher à quel chiffre elles se sont élevées. Voltaire parle de 500 millions ; Mirabeau, le père de l'orateur, dit 1,200 ; Volney, dans son Cours d'histoire à l'école normale (an III, 1795), arrive au chiffre énorme de 4 milliards 600 millions ! Il se plaint de la disparition des registres de comptes. Or ces registres ont été retrouvés ; ils ont permis d'établir à peu près exactement l'état des dépenses, et on a été étonné de voir que Voltaire était le plus près de la vérité (1). Le chiffre s'élève à 165 millions du temps, ce qui ferait 495 millions de notre monnaie, en appliquant la règle que nous avons indiquée dès le début de cette étude. C'est encore trop quand on songe aux charges qui pesaient en même temps sur la France par le fait des guerres.

En dehors de tout titre officiel, Colbert avait à cœur de raffermir l'unité monarchique par l'uniformité des lois. Quoiqu'il ne fût pas jurisconsulte, il présida au plus grand travail qui ait été fait sous l'ancienne monarchie pour mettre de l'ordre et de la clarté dans les lois : il provoqua la refonte des Coutumes locales en un seul corps de législation. Il eût été agréable à l'homme du roi qu'une pareille révolution se fît sans la participation du Parlement, de façon à bien montrer au peuple que toute justice, comme toute puissance, émanait de la seule royauté : c'est pour cela qu'il avait institué, sous la présidence de son oncle, le conseiller Pussort, une commission chargée

____

(1) Voir l'état des dépenses de Louis XIV à Versailles, Marly, etc... par M. Eckard. Versailles, 1833.

d'un examen préparatoire. Le président de Lamoignon déjoua ce projet. Il offrit à Louis XIV un concours qu'on ne pouvait décemment refuser. Successivement furent publiés le code Louis, l'ordonnance criminelle, qui restèrent le fond de notre législation jusqu'à la Révolution. Le code des eaux et forêts, paru en 1669, refondait en une seule ordonnance tous les anciens règlements, et les remplaçait par un code simple et uniforme. Au nombre des réformes accomplies par cette ordonnance, il faut citer la suppression de tous les péages établis sur les rivières depuis 100 ans et non justifiés par des titres solides. Les chevaux et les bateaux ne pouvaient plus être saisis pour le paiement de ces droits.

CHAPITRE VII.

Il me semble que Louis XIV aurait dû être éternellement reconnaissant pour Colbert. Il se montra au contraire fort injuste, et lui témoigna plus d'une fois de la mauvaise humeur. A partir de 1672, la faveur de Colbert entre dans une période de décadence. C'est qu'en effet une influence nouvelle se fait sentir et menace de devenir prépondérante : c'est celle de Louvois.

Dans les premières années de son règne, à part quelques manifestations orgueilleuses, il semble que Louis XIV se soit proposé une sorte d'idéal pacifique. Il écrivait en 1665 : « L'affection que nous portons à nos sujets nous fait préférer à notre gloire et à l'agrandissement de nos États la satisfaction de leur donner la paix. » Les rapides succès de la guerre de dévolution inspirèrent au jeune prince un profond dédain pour ses ennemis, une confiance illimitée dans ses forces : il oublia ses bonnes dispositions, pour ne plus rêver que guerres et conquêtes.

Or, dans les conseils du roi, Colbert représentait les véritables aspirations de l'opinion publique, c'est-à-dire le désir de la paix et l'amour du travail. Louvois représentait, au contraire, les aspirations nouvelles de la royauté, l'éclat, la grandeur, la gloire. Louis XIV hésita quelque temps entre ces deux influences : il se décida enfin pour Louvois.

C'est en 1671 qu'il paraît avoir fixé définitivement son choix. Sans doute qu'en son conseil avait éclaté quelque violente dispute entre les deux ministres à propos d'un conflit d'attributions. Louis XIV écrit de Chantilly à Colbert : « Je fus assez maître de moi avant ier (*sic*) pour vous cacher la peine que j'avais d'entendre un homme que j'ai comblé de bienfaits comme vous, me parler de la manière que vous faisiez. J'ai eu beaucoup d'amitié pour vous, il y paroist par ce que j'ai fait. J'en ay encore présentement, et je crois vous en donner une assez grande marque en vous disant que je me suis contraint un seul moment pour vous, et que je n'ay pas voulu vous dire moi mesme ce que je vous escris.... C'est la mémoire des services que vous m'avez rendus et mon amitié qui me donne ce sentiment. Profités (*sic*) en, n'asardés (*sic*) plus de me fâcher encore (1). Il termine en lui enjoignant de garder le département de la marine tel qu'il l'a, ou de l'abandonner entièrement. Dès lors Colbert ne vint plus qu'au second plan.

Cela ne se fit point, du reste, brusquement ni d'une façon brutale.

Organisateur de la victoire, caressant le monarque sans songer au pays, Louvois avait toujours le beau rôle dans les conseils. Obligé d'inventer des expédients pour subvenir aux besoins croissants de l'armée, Colbert avait, en réalité, toute la responsabilité des entreprises qu'il n'avait pas conseillées.

(1) Documents inédits sur l'histoire de France. Champollion-Figeac, t. III.

Dès le début de la guerre de Hollande (1672), il lui fallut trouver un fonds de 45 millions. Par quelques suppressions d'offices, par le renouvellement du bail de la ferme des postes, il trouva bien 5 millions, mais ce fut tout. Il fut contraint alors de donner un éclatant démenti à ses principes, d'aliéner une partie du domaine royal. Il s'avisa de louer les échopes de la halle, jusqu'alors concédées gratuitement aux petits commerçants de Paris. Cette mesure le rendit tout à fait impopulaire.

A chaque nouvelle demande d'argent, le financier faisait entendre des représentations désagréables aux oreilles d'un jeune roi conquérant. On agita au conseil la question des emprunts. Colbert s'y montra nettement hostile. Louvois et le premier président Lamoignon furent d'un avis contraire : le roi se rangea de leur côté. Le contrôleur n'osa témoigner son mécontentement devant lui ; mais, après son départ, prenant Lamoignon à partie, il lui lança cette apostrophe prophétique : « Vous triomphez et pensez avoir fait l'action d'un homme de bien. Eh! ne savais-je pas comme vous que le roi trouverait de l'argent à emprunter ? Mais je me gardais avec soin de le dire... Quel moyen restera-t-il désormais d'arrêter le roi dans ses dépenses ? Après les emprunts, il faudra les impôts pour les payer, et si les emprunts n'ont point de bornes, les impôts n'en auront point davantage. » J'ai déjà raconté de quelle façon Colbert dut recourir de nouveau aux hommes de finance : ils se montrèrent durs et exigeants.

La situation de Colbert devait devenir encore plus pénible. En 1673, le roi déclara qu'il lui fallait 60 millions pour l'extraordinaire des guerres. Le contrôleur, poussé à bout, osa dire en plein conseil qu'il lui serait impossible de procurer cette somme. « Songez-y, dit alors Louis XIV ; il se présente quelqu'un qui entreprendrait d'y suffire, si vous ne voulez pas y songer. » Ce quelqu'un, c'était Louvois.

Cette réponse fut un coup de massue pour Colbert. Il s'enferma chez lui, refusa de voir les personnes avec qui il s'entretenait d'habitude, et songea sérieusement à se retirer des affaires. Une lettre du roi le rappela à Versailles. Cette lettre mérite d'être citée. « Ne croyés (*sic*) pas, disait Louis, que mon amitié diminue, vos services continuant, cela ne se peut, *mais il me les faut rendre comme je le désire et croire que je fais tout pour le mieux. La préférence que vous craignés que je donne aux autres ne vous doit faire aucune peine.* » Colbert revint donc, il se résigna à reprendre ses fonctions ; mais il se sentait vaincu et amoindri par son rival. Un amer désenchantement refroidit son zèle et parut même comprimer ses facultés. « Mais, dit Claude Perrault dans ses Mémoires, tandis qu'auparavant on le voyait se mettre au travail en se frottant les mains de joie, depuis cet événement il ne travailla plus qu'avec un air chagrin et même en soupirant. De facile et aisé qu'il était, il devint difficultueux, et l'on n'expédia plus, à beaucoup près, autant d'affaires que dans les premières années de son administration. »

On comprendrait mal de nos jours cette résignation du grand ministre, on voudrait le voir se retremper par une noble retraite dans la faveur populaire. C'eût été jouer là un jeu bien dangereux sous le règne de Louis XIV ; la Bastille et peut-être pis encore attendait le sujet assez malavisé pour vouloir faire le peuple juge entre lui et le souverain. Colbert se souciait peu d'encourir le sort de Fouquet. Il ne pouvait avoir oublié ces vers que lui avait adressés autrefois le président Hénault, lors du fameux procès :

> Sa chute quelque jour te peut être commune,
> Crains ton poste, ton rang, la cour et la fortune.
> Nul ne tombe innocent d'où l'on te voit monté.

La guerre continuait toujours. Elle contraignit le malheureux ministre à adopter les taxes les plus vexatoires. Il ne recula plus devant certaines mesures que son bon sens et son équité réprouvaient certainement. Il brava sans crainte l'animadversion publique. En 1674, le droit sur le sel fut augmenté de trente sous par minot, le monopole de la vente du tabac fut attribué à l'État; un droit de marque fut établi sur l'étain. Il n'était en vérité que d'un sou par livre, mais c'était la vaisselle du pauvre qui était frappée par cette taxe.

Bientôt des désordres éclatèrent sur divers points du royaume, trahissant une dangereuse irritation. A Bordeaux, on se souleva à propos du droit de marque sur la vaisselle d'étain; le monopole du tabac et l'impôt du timbre provoquèrent une révolte qui ensanglanta la Bretagne. Pau, La Réole, Périgueux, le Mans, eurent aussi leurs émeutes. Partout la répression fut impitoyable. Une foule de malheureux, coupables d'un instant d'égarement, périrent dans les supplices. Le mécontentement ainsi comprimé devenait de la haine, non pas contre le roi dont on ne voyait que les brillantes victoires, mais contre le ministre, responsable aux yeux du peuple des actes du gouvernement.

L'année 1678 fut une année de détente. La conclusion de la paix de Nimègue fit espérer à Colbert que les dépenses allaient être réduites, qu'il allait pouvoir rapporter les dernières taxes si impopulaires. Il écrivait à Louis XIV: « Si Votre Majesté se résolvait à diminuer ses dépenses et qu'elle demandât sur quoi elle pourrait accorder du soulagement à ses peuples, mon sentiment serait de diminuer les tailles et aussi d'un écu le minot de sel. *Il faudrait rétablir, s'il était possible, le tarif de* 1667, diminuer les droits d'aides, les rendre partout égaux en révoquant tous les privilèges ; abolir la ferme du tabac et celle du papier timbré, qui sont préjudiciables au commerce du royaume ; il faudrait diminuer le nombre des officiers de finance tout autant qu'il sera possible, parce qu'ils sont à charge aux finances et aux peuples et à l'État (1). »

C'était là un digne et ferme langage ; mais Colbert se trompait en croyant que la paix allait lui ramener son crédit. La dépense pour l'année 1678 dépassa 110 millions, tandis que le revenu n'atteignait que le chiffre de 81 millions. Colbert supplia le roi d'abaisser la dépense à 75 millions pour l'année 1679 ; il ne fut pas plus écouté, et on en dépensa 92. Plein de découragement, il écrivait alors des lettres dans le genre de celle-ci qui n'était pas faite pour lui rendre sa faveur : « En mon particulier , je déclare à Votre Majesté qu'un repas inutile de 1,000 écus me fait une peine incroyable... Votre Majesté doit

---

(1) Citée par Chéruel, Histoire de l'administration monarchique, t. II.

considérer qu'elle a triplé les dépenses de ses écuries... Si Votre Majesté considère son jeu, celui de la reine, toutes les fêtes, repas, festins extraordinaires, elle trouvera que cet article monte à plus de 300,000 livres, et que les rois ses prédécesseurs n'ont jamais fait cette dépense, et qu'elle n'est pas du tout nécessaire. » Que nous sommes loin de l'homme heureux qui, en 1662, savait rendre fructueuse la fantaisie du carrousel !

Louis XIV n'aimait pas les donneurs d'avis : il le fit sentir à son ministre, il se montra de plus en plus froid et renfermé à son égard. En 1679, Colbert fut pris d'une fièvre maligne qui mit ses jours en danger. Un médecin anglais le guérit avec du quinquina, remède jusqu'alors peu employé. Cette cure mit le quinquina à la mode.

Mais Colbert avait été trop éprouvé pendant les dernières années pour revenir à une santé parfaite. La pierre vint compliquer l'état morbide du contrôleur ; aux effets de l'âge venaient se joindre ceux de l'excès de travail: le roi ne s'apercevait de rien, ou du moins feignait de ne pas voir.

Un jour que Colbert lui rendait compte de ce qu'avait coûté cette somptueuse grille dorée qui ferme l'accès du château de Versailles sur la place d'Armes, il trouva cette dépense beaucoup trop élevée, et, après plusieurs remarques désobligeantes, déclara qu'il y avait de la friponnerie. — « Sire, répondit Colbert, je me flatte au moins que ce mot ne s'étend pas jusqu'à moi. — Non, repartit le roi ; mais il fallait y avoir plus d'attention. » Et il ajouta méchamment : « Si vous voulez savoir ce que c'est que l'économie, allez en Flandre, vous verrez combien peu les fortifications des places conquises m'ont coûté. » Or les travaux des places fortes étaient dans le département de Louvois. Colbert fut outré de se sentir ainsi encore une fois opposer cet homme qui était son mauvais génie depuis onze ans. Le chagrin aggrava son état maladif. Rentré chez lui, il prit le lit : il ne devait plus le quitter. Bientôt il ressentit les terribles accès d'une colique néphrétique, contre laquelle on ne connaissait pas alors de remède et qui devait l'emporter le 6 septembre 1683.

Lorsqu'on apprit à Louis XIV la gravité de l'état où était son ministre, il crut de sa dignité de lui témoigner quelque intérêt, et il lui adressa une lettre où il lui disait « de prendre soin de lui et de tâcher de se rétablir ». Mais Colbert refusa de recevoir cette lettre. Il feignit de dormir pour ne point parler au gentilhomme qui la portait, et ne prétendit point ensuite qu'on lui en fît lecture. « Vous ne me laisserez donc pas même le temps de mourir », disait-il à sa femme, qui l'importunait à ce sujet ; et il ajoutait en parlant du roi : « Si j'avais fait pour Dieu ce que j'ai fait pour cet homme, je serais sauvé dix fois, et maintenant je ne sais ce que je vais devenir ».

Ce cri de désespoir a inspiré à Michelet une de ses plus belles pages, et il s'écrie : « Où vous allez, nous le savons, héros ! Vous allez dans la gloire, vous restez au cœur de la France. Les grandes nations qui, avec le temps, jugent comme Dieu, sont équitables comme lui, et estiment l'œuvre moins sur le résultat que sur l'effort, la grandeur de la volonté. »

C'est là le jugement de la postérité ; ce ne fut pas celui des contemporains.

Le roi parut peu touché de la mort de Colbert. Il s'était habitué à ne voir en lui qu'une sorte de premier commis, un élève respectueux dont il était le maître. Il se promit bien d'appliquer ses qualités éducatrices à former d'autres Colberts. On sait comment il réussit avec l'honnête mais incapable Chamillart.

Les précautions prises par la police furent une insulte de plus à la mémoire du défunt. On fit le convoi la nuit, presque à la dérobée : on lui donna pour escorte tous les archers du guet, « pour empêcher, est-il dit dans les notes de M. de Maurepas, que la foule ne déchirât le cadavre en pièces. » Les épigrammes et les quatrains injurieux coururent la ville, sans qu'on fît rien d'ailleurs pour les arrêter. On disait, par exemple :

> Enfin Colbert est mort, et c'est vous faire entendre
> Que la France est réduite au plus bas de son sort,
> Car s'il restait encor quelque chose à lui prendre,
> Le voleur ne serait pas mort.

Un autre, encore plus féroce, s'exprimait en ces termes :

> Vous l'avez fait mourir, ignorants médecins,
> Ce ministre fameux, cet homme d'importance ;
> Vous croyez qu'il avait la pierre dans les reins :
> Il l'avait dans le cœur, au malheur de la France !

La masse populaire ne pouvait pardonner les mesures fiscales des dernières années. Les penseurs étaient plus indulgents, même quand ils ne partageaient pas les idées de Colbert. Boisguilbert, qui n'a vu que le mal, c'est-à-dire la misère du peuple, et qui n'a pas tenu assez compte des exigences du roi et de la fatalité des circonstances, exprime une opinion beaucoup plus modérée quand il dit : « administration très intègre, administration aveugle et ruineuse ».

Le dix-huitième siècle fut l'époque de la réhabilitation pour Colbert : il fut vengé. Il eut pour successeurs des incapables. Pour mettre un peu d'ordre dans les finances, on fut obligé de rappeler son neveu et élève Desmarets. Les terribles souffrances de la fin du règne en firent regretter la première période comme un temps de félicité. On oublia les fautes du ministre, pour ne plus voir que ses services. C'est assez la coutume ordinaire des hommes. Ce même peuple qui avait hurlé devant un cercueil finit par entourer la mémoire du mort d'un renom immortel de probité, de patriotisme et de génie. Voltaire, qui est si souvent l'incarnation de son siècle, en résume ici l'impression :

« Si l'on compare l'administration de Colbert à toutes les administrations précédentes, la postérité chérira cet homme dont le peuple insensé voulut déchirer le corps après sa mort (1). »

(1) Voltaire, Siècle de Louis XIV, chap. 30.

LOUVOIS

CHAPITRE PREMIER.

Pendant les troubles de la Ligue, un certain Letellier, commissaire d'un des seize quartiers de Paris, s'était signalé par un zèle remarquable pour la bonne cause. Mayenne le récompensa par l'octroi d'une charge de maître des comptes. Le nouveau magistrat était riche; il acheta la seigneurie de Chaville, ce qui permit à ses descendants de prendre le titre de chevalier. Il eut un fils dont nous n'avons rien à dire, sinon qu'il donna le jour à Michel Letellier, appelé à une singulière fortune.

Pourvu d'une charge de conseiller au grand Conseil, ce dernier devint à vingt-six ans procureur du roi au Châtelet, puis plus tard maître des requêtes au Conseil d'État. Il avait eu l'occasion de rendre certains services au surintendant des finances, M. de Bulion. Celui-ci, reconnaissant, lui fit, en 1639, donner l'intendance du Piémont, au moment où les armées françaises reprenaient l'avantage et assuraient la régence de Savoie à une fille de Henri IV, Marie-Christine.

Ce fut là que Michel Letellier fit connaissance d'un capitaine de l'infanterie pontificale, bien tourné, doué de remarquables talents pour la diplomatie, fort dévoué d'ailleurs à la politique française, mais dévoré par la passion du jeu et souvent à court d'argent. Ce capitaine n'était autre que le futur cardinal Mazarin. Dans un moment de gêne, Letellier lui prêta dix mille écus, ce dont il fut réprimandé par sa femme qui les croyait fort aventurés. Ils lui furent, au contraire, rendus au centuple, ajoute l'abbé de Choisy, qui nous conte cette histoire (1).

Le premier soin de Mazarin, devenu ministre, fut en effet de porter son complaisant créancier au poste de secrétaire d'État chargé du département de la guerre, ou, pour parler mieux, d'en faire un ministre de la guerre. A ceux qui pourraient s'étonner de voir un ancien magistrat à la tête de ce département, il faudra répondre qu'il avait déjà exercé en Piémont des fonctions presque militaires, et surtout que Louvois n'avait pas encore imprimé à ce ministère ce cachet tout particulier qu'il a gardé depuis. Le secrétaire d'État au département de la guerre était un commis, et une initiative presque absolue était laissée aux chefs d'armée.

A la fois souple et ferme, le génie de Letellier n'était pas sans offrir des points de ressemblance avec celui de Mazarin. Il ne se laissa pas éblouir par sa haute fortune. « Il goûtait un véritable repos dans la maison de ses pères qu'il avait accommodée peu à peu à sa fortune présente, sans lui faire perdre les traces de l'ancienne simplicité (2). » En revanche, lorsqu'éclata la Fronde, il demeura fidèle au ministre déchu. Bien qu'en disgrâce par suite de son départ, il le déconseilla toujours de revenir trop vite. L'orage passé, il reparut avec son protecteur, porté

(1) Choisy, Mémoires, I, p. 53.
(2) Bossuet, Oraison funèbre de Michel Letellier.

par une faveur encore accrue grâce aux services rendus.

Aussi, en 1655, obtint-il la survivance de sa charge pour le jeune François-Michel Letellier, son fils, alors à peine âgé de 15 ans, pour qui il avait acheté déjà le marquisat de Louvois. En ce temps-là, un portefeuille était considéré comme un bien de famille. Letellier, de Lionne, Colbert obtenaient la survivance de leurs charges pour des jeunes gens de 16 à 20 ans.

François-Michel Letellier, marquis de Louvois, naquit à Paris le 18 janvier 1639, ainsi que le témoigne son acte de naissance trouvé en l'église Saint-Benoit. C'est donc à tort que la plupart de ses biographes donnent la date de 1641. Il reçut, ainsi que son frère, plus tard archevêque de Reims, une bonne et solide éducation. Son père les allait fréquemment surprendre au collège de Clermont (aujourd'hui lycée Louis-le-Grand); et quand il était forcé de s'éloigner, « il leur écrivait des lettres pleines d'instructions très utiles, et il voulait qu'on lui rendît compte de tout ce qui se passait. M. Letellier n'a jamais rien relâché de cette exactitude pendant tout le cours des études de messieurs ses enfants, ayant été le premier homme de sa condition qui ait donné ce bon exemple aux pères (1). »

Le premier qui profita de ce bon exemple fut Louvois lui-même. Il mit ses fils au même collège de Clermont, et il ne les ménageait point s'ils se rendaient coupables de quelque faute. L'un d'eux s'oublie au point de frapper un camarade, et Louvois d'écrire au précepteur : « Je désire que vous l'obligiez à demander pardon publiquement à celui qu'il a frappé, et cependant

(1) Vie de Letellier par Claude le Peletier ; citée par M. Camille Rousset. Louvois, t. I, p. 14.

que vous ne le laissiez point sortir du collège jusqu'à nouvel ordre de moi. » Une autre fois, il écrit qu'il ira voir son fils, et il ajoute : « Si je trouve qu'il n'a pas profité de la correction que je lui ai faite, il pourra en recevoir une plus rude (1). » Il ne les perd point de vue même quand ils ont quitté le collège. C'est ainsi qu'il écrit à son aîné, le marquis de Courtenvaux, alors âgé de 19 ans : « Il ne me revient pas de bonnes relations de votre application à parler allemand, et votre orthographe est de plus en plus mauvaise, n'étant pas supportable de voir qu'à l'âge que vous avez, vous ne sachiez pas que palissade ne s'écrit pas par un c, ni que florin ne s'écrit par un eu, et Claude par un Clo (2). »

Le moment est venu de voir quel personnage était ce père si rigoureux.

Louvois était de taille moyenne, avec une tendance à l'embonpoint qui se manifesta de bonne heure. Il avait l'œil plein de feu, comme Condé ; une certaine contraction de la mâchoire inférieure qui donnait à son visage une expression de fermeté, au lieu de commune qu'elle eût été sans cela (3). D'ailleurs fort sobre et ne soupant jamais, ainsi qu'il le dit lui-même à un de ses amis : « Vous savez que je ne soupe jamais, et qu'ainsi il serait inutile que vous m'en fissiez préparer (4). »

La façon dont il se surmenait par le travail, l'état souvent chancelant de sa santé, surtout vers la fin de sa vie, l'obligeaient

<hr>

(1) Citée par Camille Rousset, Louvois, t. III, p. 363.
(2) Citée par Camille Rousset, Louvois, t. III, p. 368, note.
(3) C. Rousset, t. IV, p. 551.
(4) D. G. 485, 28 novembre 1676.

Louvois.

à cette sévérité de régime. Il n'aimait point le jeu, qui fut une
des plaies de la cour de Louis XIV. On se souvient des plaintes
de Colbert à propos du jeu du roi. Le marquis de La Fare cite
dans ses Mémoires un comte de Rohan qui jeta par la fenêtre
quatre cents pistoles d'Espagne, sous prétexte que le roi ne voulait être payé qu'en louis français. Sans se montrer aussi folle-
ment prodigue, Louvois savait s'exécuter quand il le fallait et
jouait alors gros jeu. C'est ainsi que Monsieur, frère du roi, l'étant
venu voir dans son château de Meudon, Louvois dut se confor-
mer au goût du prince, mais ce fut pour lui gagner 490 pistoles (1).
Il n'avait pas toujours pareille chance; car, une autre fois, il
parle d'un chevalier de Nogent qui lui a gagné 54 pistoles à
l'impériale (2). Le seul jeu qu'il aimât vraiment était le trictrac,
parce qu'il exige des combinaisons. « Je ne puis souffrir, écrit-il
à Villeroi, que vous me dénigriez sur le trictrac... J'espère vous
gagner beaucoup d'argent, à votre retour (3). »

Louvois avait de la fortune personnelle, qui fut encore accrue
par la libéralité du roi. Sa charge de surintendant des postes
lui rapportait plus d'un million par an. Cela lui permit d'acheter
et d'embellir par de splendides jardins et des œuvres antiques
cette belle résidence de Meudon qui allait presque rejoindre le
domaine de Chaville.

On aimerait à voir chez Louvois un peu de cette bravoure
héroïque qu'on rencontre chez tous les généraux de Louis XIV :
il paraît, au contraire, avoir toujours montré une sage pru-

(1) Lettre à Tilladet, 26 août 1689, D. G. 855.
(2) Lettre à Tilladet, 2 mars 1690, D. G. 914.
(3) Lettre à Villeroi, 11 septembre 1686, D. G. 768.

dence. Il contraste en cela avec le roi, qui maintes fois paya de sa personne, et dans la conduite des sièges s'exposa plus que de raison. C'était au siège de Cambrai ; mais autant vaut écouter Louvois lui-même : « Ayant à parler au roi, je l'allai chercher jusqu'à la garde de cavalerie, où j'appris que Sa Majesté était avec Vauban, à cheval, à la tête des travailleurs, *où je ne jugeai pas à propos de l'aller trouver*, et m'en revins à la barrière, où, après l'avoir attendu une heure, le vis revenir (1). » Louis XIV connaissait cette faiblesse de son ministre. Lorsqu'on lui annonça la capitulation de Strasbourg, « il dit en riant que ce jour-là la sûreté devait être entière, *puisque M. de Louvois y avait couché* (2). »

Louvois avait, à part cela, toutes les qualités d'esprit les plus hautes : une netteté de vues et une force de calcul incomparables. « Si un homme lui parlait, il le regardait en face, il l'écoutait et observait s'il y avait du génie et du bon sens dans ce qu'il lui disait, et soit qu'il approuvât sa proposition ou non, il gardait toujours un profond silence, se réservant d'en faire une sage économie en temps et lieu (3). » — « Je n'ai point vu, dit Gourville, un homme qui eût généralement un esprit si étendu pour toutes choses, une compréhension si vive, ni une si grande application à remplir parfaitement tous ses devoirs, et qui eût une aussi grande prévoyance (4). »

On peut ajouter une volonté qu'aucune considération ne

(1) Louvois à Courtin, D. G. 522.
(2) Pélisson, Lettres historiques, n° 257.
(3) Mémoires de Chambly-Landrimont, cité par Camille Rousset, t. I, p. 177.
(4) Gourville, Mémoires, p. 592 : collection Michaud et Poujoulat.

détournait de son but. Cela devait lui faire et lui créa en effet de nombreux ennemis, qui ne le ménagèrent point : tel ce marquis de La Fare, destitué par lui pour insubordination envers son chef, et qui, dans ses Mémoires, l'appelle « un méchant et qui n'avait en vue que son intérêt et l'ambition d'être le maître; d'une âme d'ailleurs peu élevée mais tyrannique, ce qui lui attira l'aversion de tout le monde (1). »

Ce portrait est poussé au noir. Pour de l'ambition il est certain que Louvois en eut, et une immense, non pour lui-même, mais pour son roi. Il est alors peu scrupuleux sur le choix des moyens. S'agit-il, par exemple, du comte de Lisola, représentant de l'Espagne au congrès de Cologne, et dont l'habileté déjouait tous les plans de Louis XIV : Louvois songe sérieusement à le faire enlever, malgré son caractère sacré d'ambassadeur. Il trouve « que même il n'y aurait pas grand inconvénient de le tuer, pour peu que lui ou ceux qui seraient avec lui se défendissent. » Il termine par cette réflexion significative : « Vous ne sauriez croire combien vous feriez votre cour à Sa Majesté si vous pouviez exécuter ce projet (2). »

Rien ne coûte à Louvois quand il s'agit du service du roi. Il ne craindra pas d'user de franchise. Par exemple, durant la guerre de Flandre, Louis XIV a enjoint à tous les officiers de congédier les dames qu'ils traînaient derrière eux. En revanche, lui-même garde près de lui la reine avec toute sa maison, et Louvois de lui écrire : « La résolution que Sa Majesté a prise sera fort avantageuse pour la conservation des troupes; elle

(1) Mémoires.

(2) Lettre à d'Estrades, gouverneur de Maëstricht, 16 janvier 1674. D. G. 379.

l'aurait été encore bien davantage *si Sa Majesté avait bien voulu n'en excepter personne* (1). »

Cela n'empêchait point le ministre de savoir faire à propos sa cour et de compatir aux faiblesses du souverain. « Le roi avait fait avec lui la liste de ceux qu'il voulait honorer du bâton de maréchal de France ; il alla ensuite chez madame de Montespan, qui, en fouillant dans ses poches, y prit cette liste, et n'y voyant pas M. de Vivonne, son frère, se mit dans une colère digne d'elle. Le roi, qui ne pouvait lui résister en face, lui dit qu'il fallait que M. de Louvois eût oublié de l'y mettre. Envoyez-le quérir tout à l'heure, lui dit-elle d'un ton impérieux, et le gronda comme il faut. On envoya chercher M. de Louvois, et le roi lui ayant dit fort doucement que sans doute il avait oublié Vivonne, ce ministre se chargea du paquet et avoua sa faute. On mit Vivonne sur la liste. La dame fut apaisée et se contenta de reprocher à Louvois sa négligence (2). » Une autre fois, un auteur flamand voulait lui dédier un pompeux éloge de la guerre de Hollande, et Louvois de lui écrire : « Je regarde la résolution que vous avez prise et tout ce que vous dites de bien de moi dans cette épitre comme une marque de votre amitié à laquelle je suis fort sensible ; mais je vous prie de la renfermer en vous-même, et de ne pas songer à me dédier un ouvrage qui ne le peut être dignement à personne qu'à l'auteur de toutes les grandes choses que vous devez décrire (3) », c'est-à-dire au roi.

Louvois avait l'énergie jointe à la souplesse : c'étaient là de

(1) Lettre citée par Camille Rousset. Louvois, t. I, p. 152.
(2) Choisy, Mémoires, t. II, p. 96.
(3) Louvois à Voerden, 19 décembre 1678. D. G. 581.

précieuses qualités pour réussir auprès d'un roi comme
Louis XIV, tout disposé à se laisser dominer, pourvu qu'on
lui fit croire qu'il était le maitre. Louvois fut, pendant
vingt ans, premier ministre sans en porter le titre. Sans doute
cette haute fortune ne s'affirma pas du premier coup. En 1661,
il est déjà plus que le bras droit de son père, mais il n'échappe
pas encore à sa haute surveillance. C'est seulement en 1666
que Michel Letellier abandonna définitivement le secrétariat de
la guerre et que Louvois acquit ainsi toute liberté d'action. On
peut dire qu'alors il devient ministre dirigeant; Colbert est
plutôt un ministre d'affaires. Ce n'est pourtant que le 1er février
1672 qu'il entra au Conseil en qualité de ministre et y prit
séance (1); mais dès lors son influence éclipse celle de Colbert.
Il y a deux personnages chez ce puissant ministre: l'administrateur et le politique. Le politique peut être blâmé; nous
allons voir qu'il n'en est pas de même pour l'administrateur.

(1) Lettre de Madame de Sévigné à Madame de Grignan en date du 5 fé
vrier 1672.

CHAPITRE II.

Pour comprendre toute l'importance de l'œuvre de Louvois, il convient d'étudier rapidement ce qu'était l'armée avant ses réformes.

Vers 1660, l'armée permanente était peu nombreuse. Les gardes du roi, les escadrons de gendarmerie, descendants des anciennes compagnies d'ordonnance de Charles VII, cinq régiments d'infanterie qu'on nommait *les vieux* (1), tel était le faible effectif qui figurait au budget sous le nom d'*ordinaire* des guerres.

Au commencement de chaque guerre, on levait à la hâte des corps d'infanterie et de cavalerie. Leur entretien était imputé à l'*extraordinaire* des guerres, d'où ce nom singulier resté attaché jusqu'en 1789 au budget de la guerre.

Les corps ainsi formés avaient une mission spéciale. On prenait du service pour les Flandres ; on se fût considéré comme lésé s'il avait fallu ensuite partir pour l'Allemagne. C'est ce que Condé obtint pourtant de son armée, en 1644, après l'échec de Turenne devant Fribourg, et on lui en sut presque autant de gré que pour le gain de la bataille de Rocroy.

Ces troupes manquaient de cohésion, méconnaissaient sou-

(1) Gardes françaises, Picardie, Piémont, Navarre.

vent la voix de chefs d'ailleurs peu dignes, donnaient l'exemple
de la plus déplorable indiscipline. Elles étaient parfois un
fléau plus grand pour la France que pour l'ennemi. Voici ce
que Corneille écrivait, précisément en 1660, dans le prologue
de la *Toison d'or* : la France s'adresse à la Victoire en ces
termes :

> Ah ! Victoire, pour fils n'ai-je que des soldats ?
> La gloire qui les couvre, à moi-même funeste,
> Sous mes plus beaux succès fait trembler tout le reste ;
> Ils ne vont au combat que pour me protéger
> Et ne sortent vainqueurs que pour me ravager.
> S'ils renversent des murs, s'ils gagnent des batailles,
> Ils prennent droit par là de ronger mes entrailles :
> Leur retour me punit de mon trop de bonheur,
> Et mes bras triomphants me déchirent le cœur.
> A vaincre tant de fois, mes forces s'affaiblissent,
> L'État est florissant, mais les peuples gémissent.
> . . . .
> Je me lasse de voir mes villes désolées,
> Mes habitants pillés, mes campagnes brûlées.

Tous ces régiments étaient donnés pour ainsi dire à l'entreprise. On achetait une charge de colonel, comme aujourd'hui on
achète une étude de notaire. Le colonel, pour rentrer dans ses
fonds, vendait à son tour les différentes compagnies dont se
composait son régiment. S'il était riche, il lui arrivait d'en
donner gratuitement une à quelque jeune homme qu'il souhai-
tait d'attacher ainsi à sa fortune. Une pareille libéralité était
moins rare qu'on ne pourrait le croire. L'espoir d'en être
l'objet déterminait nombre de gentilshommes pauvres à prendre

le mousquet et à servir, en qualité non pas de simples soldats, mais de *cadets.*

Les capitaines vendaient les lieutenances de leur compagnie. il s'établissait ainsi une sorte de marché aux grades, avec des cours variables selon que l'on supposait une campagne plus

Artilleurs sous Louis XIV, d'après un manuscrit du temps.

ou moins productive. D'ailleurs nulle garantie de savoir ni de capacité.

Mais la *vénalité* des grades avait encore d'autres inconvénients.

Les officiers, considérant leurs troupes comme une marchandise achetée, ne cherchaient qu'à en tirer tout le profit possible: ils spéculaient sur tout; ils rognaient le misérable ordinaire de la troupe, ils laissaient aller le soldat couvert de haillons, car d'uniforme il n'en était pas question ; ils fournissaient à leurs hommes un armement défectueux. Même en 1668, le marquis de Rochefort écrivait encore à Louvois : « La maladie cesse fort dans notre infanterie, mais la *pourriture de leur habillement et de leurs chemises* empêche les convalescents de se remettre. »

Comme le roi payait à chaque capitaine une somme fixe destinée à l'entretien de chaque homme inscrit sur les rôles, la plupart présentaient des rôles démesurément enflés. A la première action de guerre, on portait comme morts tous les absents, et le roi d'indemniser le pauvre officier si cruellement éprouvé. De temps à autre, il fallait pourtant subir la revue du commissaire ; mais plusieurs capitaines s'entendaient pour entretenir un certain nombre d'hommes qui, une fois la revue d'une compagnie terminée, s'esquivaient pour aller grossir l'effectif de la voisine. On les appelait des *passe-volants*, et il était d'autant plus facile de tromper un inspecteur que le soldat n'avait point d'état civil et portait des noms de guerre, comme Lafleur, Laverdure, etc...

Avec un pareil système, il n'y avait aucune règle pour l'avancement; les attributions de chaque grade étaient mal définies ; la hiérarchie à peine ébauchée. On voyait des capitaines le prendre de très haut avec leur colonel, parce qu'il était d'une naissance inférieure à la leur. Les généraux se pliaient malaisément à l'autorité d'un chef supérieur. Ici encore la naissance faisait presque tout. Le duc d'Enghien, âgé de vingt ans, prenait le commandement en chef parce qu'il était prince du sang, tandis que Turenne, malgré son expérience consommée et ses talents reconnus, était relégué au second plan...

Si l'organisation de l'infanterie et de la cavalerie était aussi défectueuse, celle des armes spéciales l'était encore plus.

L'arme du génie n'existait pas.

On eût fort scandalisé un officier d'artillerie en le prenant pour un militaire : sa condition se rapprochait beaucoup plus de celle d'un magistrat civil. « Il tenait à honneur, en quelque sorte, dit M. Camille Rousset, de n'être pas confondu avec les officiers de l'armée, dont il avait cependant besoin de demander le concours et d'emprunter les soldats pour le service de ses pièces, car il n'y avait pas de troupes d'artillerie (1). »

Le service de l'artillerie se faisait à forfait, et les officiers étaient de véritables entrepreneurs. Une pièce mise en batterie se payait couramment cent écus, en batterie de brèche 400 livres. Les soldats embauchés pour le service de la batterie touchaient 40 sous par jour prélevés sur cette somme. Tant mieux si le siège était court : la somme à partager entre les officiers ou « *revenant bon* » était d'autant plus considérable. Dans le cas contraire, le profit pouvait être remplacé par une perte sèche ; il est vrai que le roi avait coutume d'allouer une gratification variant de dix à vingt livres par jour pour chaque pièce mise en batterie pendant le siège : cela aidait à franchir les épreuves.

Le grand-maître trouvait à la guerre des bénéfices considérables. « Dans toute ville qui s'était laissé tirer le canon avant de capituler, tous les objets de cuivre et de fer, depuis les cloches des églises jusqu'aux plus vulgaires ustensiles de ménage, appartenaient de droit au grand-maître, qui les faisait enlever et vendre, si les magistrats ou les habitants ne se hâtaient de composer avec lui (2). »

(1) C. Rousset, Louvois, t. I, p. 235.
(2) Camille Rousset, Louvois, t. I, p. 237.

Louvois sut bientôt changer tout cela.

Au lieu de la petite armée permanente dont le roi avait disposé jusque-là, en 1666, en pleine paix, on pouvait mettre en ligne, du jour au lendemain, 72,000 hommes. En 1658, Turenne avait livré et gagné la fameuse bataille des Dunes avec 6,000 hommes ! En 1672, toujours sur le pied de paix, l'armée comptait 128,000 hommes ; au moment où fut signée la paix de Nimègue (1678), elle s'élevait à 280,000 hommes, chiffre formidable pour l'époque. Les succès de Louis XIV étaient assurés à l'avance avec les finances de Colbert et l'armée de Louvois.

La garde du souverain devint la *maison du roi*. Du chiffre de 800 hommes elle passa à 5,000 ; mais ce n'était plus une troupe réduite à de simples devoirs d'escorte et d'antichambre. Sa cavalerie devint une élite, pépinière d'officiers, sorte d'institution destinée à remplacer les derniers débris de l'organisation féodale. Elle était en effet recrutée de « gens bien faits, ayant de la barbe, âgés de plus de vingt-huit ans, tous catholiques et gentilshommes (1) ». L'appel de l'arrière-ban, à la fin de la guerre de Hollande, avait donné des résultats déplorables. Louvois remplaça l'obligation du service pour les nobles par une sorte d'exonération. A ceux qui préféraient payer de leur sang, la maison du roi fut ouverte. C'est cette cavalerie qui décida du gain de la bataille de Steinkerque.

L'infanterie, pour être plus roturière, n'était pas moins brave. Le régiment des gardes françaises est resté populaire pendant toute la durée de l'ancien régime. Dans la guerre de

(1) Circulaire de Louvois du 1ᵉʳ septembre 1676. D. G. 484.

Hollande, on le trouve à la prise de Maëstricht (1673). Il est avec Condé à Senef (1674), avec Turenne dans sa belle campagne d'Alsace (1675), avec Luxembourg à Cassel (1677), et toujours au premier rang.

Si la maison du roi donnait à la cavalerie de ligne une réserve efficace, il manquait une cavalerie légère nationale. Louvois

Infanterie : piquier, mousquetaire, garde suisse, garde française.

l'inventa en créant les dragons. C'était des soldats munis du fusil et destinés à combattre indifféremment à pied ou à cheval. Leurs montures, de petite taille, ne pouvaient fournir qu'une courte carrière, mais d'allure rapide. Ils partaient en éclaireurs, en tirailleurs, harcelaient l'ennemi, pour se dérober ensuite à sa poursuite. Ils étaient propres aux coups de main audacieux, témoin cette marche hardie sur les lignes de Landrecies couvertes par l'armée du prince Eugène. Ils n'avaient

derrière eux aucune troupe de soutien, mais ils surent se replier
fort à propos sur Guise, après avoir détourné l'attention d'Eugène et permis à Villars d'écraser Albemarle à Denain, pour le
salut de la France. On a également attribué à Louvois la
création des hussards, c'est par erreur. Ils apparaissent
pour la première fois en 1692, et Louvois était mort depuis
un an.

Si l'infanterie ne fut que tardivement armée du fusil et pourvue de la baïonnette (1), la faute n'en est pas à Louvois, qui
encouragea les novateurs, et parmi eux Vauban ; elle remonte
surtout à Louis XIV, qui garda toujours une préférence injus-
tifiée pour le mousquet, et qui s'obstinait à immobiliser une
partie de son infanterie en l'armant de piques aussi inutiles
pour le combat à longue distance que le mousquet dépourvu
de baïonnette l'était pour le combat de près. Du moins, Louvois
créa les compagnies d'élite, dont le nom a disparu seulement de
nos jours : c'étaient les grenadiers, hommes agiles, qui s'élan-
çaient sur les retranchements avec des grenades ou bombes à
main, semant l'effroi chez l'ennemi autant par leurs clameurs
que par leurs projectiles. Il créa encore un régiment de fusiliers qui furent les ancêtres de nos alertes chasseurs de Vin-
cennes.

Mais ce qu'il fit de plus curieux au sujet de l'infanterie, ce fut
son essai d'infanterie nationale, recrutée par une sorte de
conscription. Pendant la guerre de la Ligue d'Augsbourg (1688),
une ordonnance décréta la levée de 30 régiments de miliciens,

____

(1) La douille de la baïonnette ne fut inventée qu'en 1703.

tirés au sort parmi les célibataires de vingt à quarante ans. Habillés, équipés, armés, soldés aux frais des paroisses, commandés par des gentilshommes du pays, la plupart anciens officiers, ils devaient servir 2 ans et constituaient une *landwehr* qui donna de si excellents résultats que le roi les garda quatre années, au lieu des deux qui avaient été décidées tout d'abord. Cet essai ne devait pas survivre à Louvois. C'était l'application d'un principe nouveau, incompatible avec l'organisation monarchique. Seule la Révolution pouvait décréter l'égalité de tous devant l'impôt, fût-ce du sang.

Jusqu'alors une troupe d'infanterie en marche s'avançait sans ordre, et son aspect rappelait celui d'un troupeau de moutons. Louvois introduisit la marche au pas, et les troupes prirent une allure plus martiale. L'uniforme fut également imposé. Cela avait un double avantage : jusqu'alors le soldat portait en quelque sorte la livrée de son colonel, voire même de son capitaine. Désormais il n'y a plus qu'une livrée, et c'est la livrée royale. On est soldat du roi, et non plus de tel ou tel colonel : de plus, le déserteur sera aisément reconnu et signalé. C'est sans doute cette considération qui aura surtout décidé Louvois.

Le soldat voyait en même temps sa condition singulièrement améliorée. Une solde fixe lui était assurée et garantie : 5 sous pour un fantassin, 11 pour un dragon, 15 pour un cavalier. On songeait à le nourrir, et c'était chose nouvelle. Sans doute l'ordonnance ne parle que pour le cas de siège, mais c'est une simple précaution, ainsi qu'il appert de cette lettre du ministre : « Il est vrai que la nouvelle ordonnance touchant la manière de faire subsister les troupes en campagne ne porte point que l'on donnera de la viande aux troupes ailleurs que dans les sièges, *mais c'est qu'on ne leur veut jamais promettre que ce à quoi l'on ne veut pas manquer ;* et comme il est absolument nécessaire et très facile de leur en fournir lorsque l'on est attaché à un siège, l'on a pris la précaution de ne leur en promettre que

Cavalerie légère : trompette, soldats, dragon.

dans ce temps-là ; Sa Majesté ayant néanmoins intention que l'on leur en donne tout le plus souvent que l'on pourra, à la réserve des vendredis : *c'est-à-dire qu'elles en aient, s'il est possible, six jours par semaine,* du moins l'infanterie (1) ».

Le logement d'une si grande quantité de troupes aurait pu devenir onéreux à la masse de la nation. Le principe de l'obligation pour l'habitant de loger les gens de guerre subsista tou-

(1) Citée par Camille Rousset, Louvois, t. I, p. 300, note.

jours, et Louvois sut en faire de singulières applications ; mais
en pratique les troupes furent distribuées dans de vastes
casernes. Le *taillon* ajouté à la taille dès Henri II et l'impôt de
l'*ustensile*, que payaient les communautés astreintes au logement, fournirent les sommes nécessaires à toutes ces constructions nouvelles.

Le soldat malade se vit l'objet de soins éclairés. Il y avait
bien, avant Louvois, un service d'hôpitaux, mais donné à l'entreprise ; les adjudicataires ne songeaient qu'à ne pas accomplir les charges acceptées par eux. Aussi le service était-il
déplorable. On voyait jusqu'à quatre malades couchés dans le
même lit, et quel lit ! On cite à Lille cet exemple de malheureux
fiévreux qui, en 1660, préféraient rester au corps de garde roulés
dans leur manteau plutôt que de se laisser transporter à l'hôpital. Ne pouvant couper le mal dans sa racine, Louvois, du
moins, tint la main à ce que les obligations des directeurs
d'hôpitaux fussent strictement remplies. Il créa les ambulances
et le corps des médecins militaires, qu'il assimila aux officiers
de l'armée, afin de les soustraire à « l'injure du soldat. »

Pour les estropiés et les infirmes, il imagina le grand hôtel
des Invalides. Colbert partage avec lui la gloire d'avoir exécuté
cette grande idée. Jusqu'alors les soldats estropiés avaient été
répartis dans les couvents d'hommes sous le nom de *religieux
lais* ; mais de pareils religieux étaient souvent un objet de
scandale pour la communauté, ils la déconsidéraient dans le
pays, et les moines payaient la désertion de leur hôte gênant. La
somme bue et dissipée, l'ancien soldat reprenait une vie vaga-
bonde, vivant d'aumônes et d'expédients. Louvois résolut de

réunir tous ces vieux serviteurs du pays, de leur donner jusqu'à la fin l'illusion d'une vie militaire dont ils ne pouvaient
plus se passer. Pour cela, il obtint du roi la construction de ce
vaste hôtel dont Mansard éleva le dôme doré. Les travaux
furent poussés avec une activité extraordinaire. Commencé en

Maison du roi : mousquetaires, gardes du corps, chevau-légers, gendarmes.

1670, l'hôtel des Invalides fut inauguré dès le mois d'octobre
1675 par le roi en personne.

En retour de tant d'avantages faits au soldat, Louvois prétendait l'astreindre à une rigoureuse discipline. Dès 1670, au
début d'une courte campagne en Lorraine, il écrit au maréchal
de Créqui : « Il faut bien établir dès le commencement une
manière de vivre qui paraîtra nouvelle à tout le monde ; faire
connaître aux officiers que leur fortune particulière répondra

de leur négligence à faire observer la volonté du roi (1). » Pour arriver à ce résultat, tous les moyens seront bons. C'est ainsi qu'au début de la guerre de Hollande, le maréchal de Luxembourg écrit au ministre, en parlant des maraudeurs : « Nous avons fait passer des gens par les armes, demain nous en ferons pendre d'autres. » Et Louvois approuve fort ce général, si peu scrupuleux pourtant quand il s'agit de lui-même.

Louvois aurait bien voulu détruire la vénalité des grades ; malheureusement c'était impossible. Il fallait d'abord rembourser à tous les officiers le prix de leur charge : où aurait-on trouvé l'argent nécessaire pour cela ? Il y avait encore d'autres empêchements d'ordre plus élevé. « Réduits à leurs devoirs purement militaires, les officiers cessaient d'être des marchands d'hommes, des entrepreneurs de soldats ; à l'industrie privée, il fallait bien que l'État substituât la sienne ; le recrutement et l'entretien des troupes retombaient à sa charge, le budget de la guerre se trouvait doublé. Mais alors il fallait changer les bases de l'impôt, supprimer les privilèges (2). » C'était la révolution, ajoute judicieusement M. Camille Rousset. Nos pères ont fait cela ; Louvois ne pouvait pas le faire.

En présence de ce mal nécessaire, il prend bravement son parti : il cherchera à l'employer au profit même de son œuvre. Les colonels des régiments seront riches et contribueront de leur fortune personnelle au bon entretien du corps qui leur est confié. S'agit-il, par exemple, de choisir pour colonel au régi-

(1) 16 septembre 1670. D.G. 252.
(2) C. Rousset, Louvois, I, p. 180.

Fondation des *Invalides* par Louis XIV.

ment de Rambures entre le chevalier de Girouville, « excellent officier », et le marquis de Nangis, qui n'a pas « encore beaucoup d'expérience, mais qui a 20,000 écus de rente ! » Louvois n'hésite pas un moment, et il écrit au roi que « ce serait la perte de ce régiment-là, si Sa Majesté ne mettait à la tête un homme de qualité capable d'y faire de la dépense. » Aussi le marquis de Nangis l'emporte-t-il sur son concurrent, beaucoup plus capable, mais moins bien renté.

Un pareil système eût été la ruine de l'armée, si Louvois n'y avait apporté un correctif. A côté du colonel, il créa le lieutenant-colonel, chargé de suppléer au besoin à l'insuffisance du premier. Qui sait si de Girouville n'est pas devenu le lieutenant de Nangis ? A côté du capitaine qui peut acheter sa compagnie, Louvois place le lieutenant et l'enseigne, qui, de même que le lieutenant-colonel, sont nommés uniquement et directement par le roi, sans bourse délier.

Le haut état-major reçut aussi une réorganisation complète. En 1668, au-dessus du colonel, Louvois établit le brigadier, qui correspond à notre général de brigade ; puis vient le maréchal de camp, c'est notre général de division ; enfin le lieutenant général, qu'on pourrait comparer de nos jours au général commandant un corps d'armée. Le commandement en chef appartient aux maréchaux de France, par ordre d'ancienneté. Tous ces grades supérieurs ne pouvaient, d'ailleurs, s'acquérir à prix d'argent et étaient conférés par le roi seul, c'est-à-dire par le ministre.

Tout en laissant subsister la vénalité pour les grades de capitaine ou de colonel, Louvois exigea que les candidats eussent fait un sérieux apprentissage du métier militaire, en servant pendant au moins deux ans, soit dans la maison du roi, soit dans un régiment spécial dit régiment du roi. Il songea même à créer une sorte d'école militaire, destinée à fournir l'armée d'enseignes et de lieutenants capables : ce fut dans ce but qu'il créa des compagnies dites de *cadets*, dont il rendit l'accès facile, trop facile même, puisque des cadets de quarante ans y coudoyaient d'autres cadets de quinze ans : c'est que Louvois aurait voulu ouvrir la porte des honneurs à la bourgeoisie aisée, tout en la fermant aux nobles trop ignorants. Dans ces compagnies de cadets, on apprenait les détails du métier, les manœuvres, les armes, les mathématiques. Cette institution, qui n'avait pas été mûrie et qui fut appliquée d'une façon trop hâtive, ne donna pas les résultats espérés; on licencia les compagnies de cadets, du vivant même de Louvois.

Avec cette organisation nouvelle, il fallait créer des règles fixes pour l'avancement. C'est ce que fit Louvois. Tous les officiers se trouvèrent placés sous la surveillance directe du ministre : ils eurent leurs notes, leur dossier. L'avancement fut généralemeat donné à l'ancienneté et d'après l'*ordre du tableau*; le simple soldat lui-même pouvait espérer un avancement mérité et prétendre au titre d'officier. C'est ainsi qu'en 1674 un sergent la Fleur, qui avait fait merveille dans une sortie de la garnison de Grave, est signalé dans le rapport du gouverneur, et Louvois de répondre aussitôt que « Sa Majesté désire qu'il soit fait lieutenant (1). » Il ajoute une gratification de 500

(1) Louvois à Chamilly, 27 juin 1674. D. G. 380

livres. C'est seulement en 1781 qu'une ordonnance de Louis XVI, bien mal conseillé, ferma aux roturiers l'accès des grades.

Pour les officiers pauvres et vieillis au service, Louvois institua une honorable retraite en faisant revivre deux anciens Ordres militaires oubliés, ceux de Saint-Lazare et du Mont-Carmel : compulsant les archives, il reprit à ceux qui les détenaient indûment les domaines qui leur avaient appartenu, et, transformés en prieurés ou commanderies, ces domaines donnèrent un revenu assuré aux anciens officiers qui en devinrent titulaires.

Il n'est tel pour juger le bienfait de toutes ces mesures que celui qui les a prises : aussi convient-il de laisser ici la parole à Louvois lui-même. « La fortune d'un officier de mérite n'est, dit-il, jamais bornée parmi nous. Il devient d'enseigne lieutenant, de lieutenant capitaine, de capitaine lieutenant-colonel ou major-colonel, de lieutenant-colonel, colonel, de colonel brigadier, de brigadier maréchal de camp, de maréchal de camp lieutenant-général, de lieutenant-général maréchal de France... On ne voit point parmi nous qu'un homme demeure dix années entières dans un même poste, à moins que ce ne soit un homme de qui l'on ne fasse point de cas, et de qui naturellement l'on n'en doive point faire. Un honnête homme a le plaisir de voir croître de jour en jour sa fortune, et à moins qu'une mort imprévue ne vienne faucher ses espérances, il peut prétendre aux plus grandes charges et aux plus grands emplois (1). » Ne sent-on pas sous ce langage percer une

____

(1) Louvois, Réponse au livre intitulé : « La conduite de la France », 1683.

satisfaction fort légitime en présence de l'œuvre accomplie ?

Si Louvois donne ainsi à l'officier des droits, il lui impose aussi des devoirs.

D'abord une rigoureuse honnêteté dans la gestion de son régiment ou de sa compagnie. Plus d'états fictifs ni de passe-volants. Une ordonnance de 1666 décide qu'on coupera le nez aux malheureux qui exercent cette industrie ; en 1667, le châtiment devient la peine de mort : d'ailleurs les commissaires de revue sont retors et ne sont plus gens faciles à tromper. Il faut aussi que l'instruction des hommes soit à la hauteur des nouveaux règlements ; on ne saurait transiger sur ce point avec des inspecteurs comme le marquis de Fourille pour la cavalerie, comme Martinet pour l'infanterie.

Plus de gains, plus de profits illicites. Malheur à l'officier qui spéculerait sur l'ordinaire du soldat ou qui ferait des retenues de solde. Des capitaines de Fribourg se sont permis des retenues de ce genre. Les soldats se sont mutinés, et le gouverneur, soucieux seulement du maintien de la discipline, a fait fusiller un des mutins. Louvois prescrit une enquête, constate le bien fondé des réclamations de la troupe et adresse au gouverneur cette sévère réprimande : « Sa Majesté a regardé comme un assassinat ce qui a été fait à l'égard du soldat qui a été passé par les armes. » Il y joint des ordres « pour faire mettre en prison les commandants des corps qui ont souffert que l'on retint aux soldats l'argent qui devait leur être délivré selon les ordres du roi. » Pour les soldats, on prélèvera sur la solde desdits officiers de quoi les rembourser de tout ce qui a été retenu depuis le 1er juillet, (on était en novembre) ; enfin, « pour apprendre au commissaire Saint-Germain de souffrir de pareils désordres, Sa Majesté ordonne qu'il soit envoyé prisonnier au château de Lanscroon (1). »

Voilà une bonne et prompte justice. Aussi s'y exposait-on rarement. La surveillance était si étroite que les bénéfices n'étaient plus possibles : pour les négligents, même pour les pauvres, la ruine était à peu près certaine. Dès 1675, Vauban écrit à Louvois pour lui recommander « un pauvre diable de cousin » qui ne serait point si misérable « s'il avait eu le secret de métamorphoser de méchantes compagnies en de fort bonnes sans se ruiner (2). » Aussi Louvois n'est pas aimé; on lui reproche d'être dur au pauvre monde, de causer la ruine de l'officier. Mais écoutons-le répondre :

« Il n'est pas vrai qu'il n'y ait qu'à se ruiner dans le service de la France. S'il s'y en trouve à qui cela arrive, c'est qu'on peut dire qu'ils ne sont pas sages, dépensant à de folles dépenses ce qui n'est destiné que pour le service du roi. En effet, y va-t-il du service qu'un capitaine de chevau-légers ait trente chevaux, qu'il ait vingt ou vingt-cinq valets, qu'il porte des justaucorps de quatre ou cinq cents écus, qu'il joue cent pistoles en un quart d'heure et qu'il fasse enfin mille autres folies? C'est à cela qu'ils se ruinent, et non pas à servir le roi. »

Exact et infatigable, Louvois voudrait tous les officiers faits à son image. Il exige la plus grande ponctualité dans le service,

(1) Louvois à Dufay, gouverneur de Fribourg, 7 novembre 1683. D. G. 700.
(2) Vauban à Louvois, 19 septembre 1675. D. G. 452.

le zèle, l'amour du métier. Il tient en mince estime les officiers de salon. Qui ne connait, grâce à madame de Sévigné, sa brutale sortie contre le pauvre Nogaret. C'était à Versailles, en plein bal de la cour : « M. de Louvois dit l'autre jour tout haut à M. de Nogaret : « Monsieur, votre compagnie est en fort mauvais état. — Monsieur, dit-il, je ne savais pas. — Il faut le savoir, dit M. de Louvois; l'avez-vous vue? — Non, Monsieur, dit Nogaret. — Il faudrait l'avoir vue, Monsieur. — Monsieur, j'y donnerai ordre. — Il faudrait l'avoir donné. Il faut prendre un parti, Monsieur, ou se déclarer courtisan, ou s'acquitter de son devoir quand on est officier. »

Les plus hauts grades eux-mêmes n'échappèrent point aux règles d'une rigoureuse hiérarchie. Si plusieurs maréchaux étaient présents dans une même armée, ils étaient obligés d'obéir à celui que le roi avait désigné. D'éclatantes disgrâces servaient d'exemple aux récalcitrants. C'est ainsi qu'au début de la guerre de Hollande Louis XIV avait nommé Turenne maréchal général de l'armée. Bellefonds, Créqui, d'Humières refusèrent nettement de reconnaître la suprématie de leur collègue. Le maréchal de Bellefonds avait pour lui un passé sans tache, une honorabilité à toute épreuve, enfin l'amitié personnelle du roi. Rien n'y fit : il lui fut enjoint de se soumettre ou « de s'en aller à Tours et d'y demeurer jusqu'à nouvel ordre, avec défense d'y faire aucune fonction de maréchal de France (1). » Ses deux collègues se soumirent avant d'en venir à d'aussi dures extrémités.

<hr>

(1) Louvois à Créqui, 22 avril 1672, D. G. 275.

Louvois ne se montrait pas moins exigeant sous ce rapport avec les officiers ordinaires : il réprimait avec énergie la moindre marque d'insubordination, fût-elle détournée. C'est ainsi que monsieur de Pradel conduisant en 1665 un petit corps de troupes au secours de la Hollande, alors notre alliée, un colonel négligea de lui adresser son rapport sur une expédition faite par ordre. Louvois écrit aussitôt au délinquant : « Votre conduite ne sera approuvée de personne quand on saura que vous avez manqué à un homme qui a l'honneur de représenter votre maître (1). » Cette lettre est d'autant plus méritoire qu'elle s'adresse au marquis de La Vallière, le frère de la maitresse du roi. Louvois, qui n'était pas encore titulaire de sa charge, jouait gros jeu en l'écrivant; en d'autres circonstances, il ménageait fort le fier marquis dont il voulait se faire un ami; mais il faisait taire toute autre considération quand il s'agissait du bien du service. Il eût été dangereux pour l'officier dépité de faire un coup de tête et d'adresser sa démission au ministre. On le voit par une lettre qu'écrit Louvois à Vauban et où il lui parle d'un jeune homme qui l'intéressait : « Je crois Montil trop sage pour me demander à se retirer, parce que ce sera le chemin d'aller se reposer à la Bastille, *où le roi met d'ordinaire les gens qui font de pareilles propositions* (2). »

Nous n'avons pas à suivre Louvois dans ses efforts pour la création de l'arme du génie; car ici toute l'initiative appartient à Vauban: nous jetterons du moins un coup d'œil sur sa réor-

(1) Citée par C. Rousset, Louvois, t. I, p. 90.
(2) Citée par C. Rousset, Louvois, t. I, p. 212.

ganisation de l'artillerie, bien qu'ici encore Vauban soit son principal collaborateur.

Il s'agissait d'abord de mettre à la tête de ce service un homme brave, intelligent, qui fût également maniable et de bonne composition. Le neveu de Mazarin, qui occupait ce poste, était à la fois incapable et ridicule; mais il portait un grand nom. Louvois eut l'adresse de le décider à résigner ses fonctions. Ainsi avait fait Henri IV avec d'Estrées, quand il avait projeté de mettre Sully en sa place. Cette fois, on pensa voir le contraire de Sully: un cerveau brûlé, le comte de Lauzun, le même qui par son mariage avec mademoiselle de Montpensier s'attira une éclatante disgrâce, sembla un instant devoir être agréé par le roi. Il fallut toute l'énergie et l'autorité que le ministre avait déjà prise sur le roi pour empêcher cette maladresse. Enfin le comte de Lude fut nommé: c'était le grand maître idéal rêvé par Louvois.

Désormais il peut agir. Il crée, en 1671, une compagnie de canonniers, exclusivement composée de soldats, avec des officiers empruntés à l'armée ; il organise, en 1672, deux bataillons de fusiliers, dressés en même temps au service du canon et qui, sans rang déterminé, doivent partout escorter les batteries, ou pour employer le langage du temps, les brigades d'artillerie. En 1676, deux compagnies de bombardiers sont instituées pour le service des mortiers. Tous ces corps sont absolument militaires. Une carrière nettement délimitée s'ouvre pour leurs officiers, qui peuvent prétendre aux grades supérieurs, lorsque l'un d'eux, Dumetz, devient maréchal de camp, avec défense d'abandonner ses fonctions « de lieutenant d'artillerie , qui sont incompatibles avec celles de maréchal de camp (1). » Voilà, du coup, un véritable major général de l'artillerie et l'arme spéciale est fondée. De Lude, qui, en perdant la direction effective de l'artillerie, conservait pourtant tous ses privilèges honorifiques et utiles, n'avait garde de protester.

Le maréchal d'Humières qui, en 1685, remplaça le comte de Lude, se montra tout aussi accommodant. En 1689, le nombre des compagnies de canonniers est porté à 12 ; les bombardiers forment un régiment ; une véritable école d'artillerie pour le recrutement des officiers de l'arme est fondée à Douai ; Vauban admire l'adresse des jeunes cadets qui y sont admis. « Je n'ai jamais vu si bien tirer (2) », écrit-il à Louvois.

Lorsque ce même Vauban eut achevé d'organiser l'arme spéciale du génie, la France ne pouvait avoir d'égale dans la guerre de sièges. « Un régiment d'artillerie de près de cinq mille hommes, composé de soldats qui sont pour la plupart des artistes habiles , enfin le corps des ingénieurs, étaient des avantages que ne peuvent avoir des nations réunies à la hâte pour faire ensemble la guerre quelques années. De pareils établissements ne peuvent être que le fruit du temps et d'une attention suivie dans une monarchie puissante (3). »

Cette centralisation que Louvois introduisait dans l'artillerie, il l'appliqua à tout le reste de l'armée. Dès 1661, à la mort du dernier duc d'Epernon, la charge de colonel général de l'infanterie fut supprimée.

(1) Louvois à Schonberg, 1ᵉʳ septembre 1676. D. G. 484.
(2) Citée par C. Rousset, t. III, p. 335, note.
(3) Voltaire, Siècle de Louis XIV, chap. 11.

C'était la plus grande charge militaire depuis la disparition de celle de connétable.

Dans chaque régiment, la première compagnie lui appartenait : il agréait les officiers proposés par les chefs de corps. Le roi fut désormais substitué à lui, tous les brevets furent signés par le ministre, qui sut bientôt s'attribuer les mêmes droits dans la cavalerie. Sans doute il n'osa point toucher à son colonel général, parce que c'était Turenne ; mais, à sa mort, il négligea de le remplacer, et ne lui laissa de son vivant que les honneurs et les bénéfices de sa charge.

Cet esprit envahissant de Louvois se retrouve partout. Les marchés pour le logement, les étapes, les vivres et les hôpitaux étaient dans le département du contrôleur général, il les lui enleva. Il concentra dans ses mains tout le service des fortifications, réparti d'une façon plus bizarre que rationnelle entre les divers secrétaires d'État. C'est ainsi qu'au début du règne de Louis XIV on voyait Colbert chargé des fortifications de l'Alsace. Il cessa d'en être ainsi désormais, pour le plus grand bien du service. Toutes les pièces, états, rapports et correspondances, furent réunies sous le nom de dépôt de la guerre, et c'est à cela que nous devons le beau livre de M. Camille Rousset.

De bonne heure nous voyons Louvois empiéter sur les attributions des généraux en chef. Jusqu'alors c'était le général conquérant qui administrait jusqu'à la paix le pays conquis. Il faut reconnaitre que le plus souvent il l'administrait fort mal, laissant commettre maint abus autour de lui, quand lui-même ne donnait pas l'exemple. Louvois voulut y mettre bon ordre,

moins dans l'intérêt du pays conquis que dans celui du trésor
royal ; on le vit bien lors de la guerre de Hollande : mais enfin,
s'il y a spoliation du vaincu, elle sera régulière et profitera à
l'État. Pour cela il créa des intendants spécialement chargés de
l'autorité administrative, tandis que les pouvoirs militaires
étaient seuls conservés au général. C'était à la guerre la première application du principe de la division du travail. Cela
ne se fit point sans résistance de la part des généraux. En 1670,
du fond de la Lorraine militairement occupée, Créqui écrit au
roi pour conserver « la direction de ces choses », sans quoi
« l'on n'aurait guère de croyance dans un général (1) » ; c'est
peine perdue et il s'attire de Louvois cette réponse : « dans le
quartier d'hiver, le général, *ne devenant plus qu'un gouverneur
de province*, cesse de se mêler de ces sortes d'affaires (2). » Le
procès est définitivement jugé, le précédent établi, et le général
réduit à des attributions purement militaires.

Partout, à proximité des frontières, Louvois avait construit
des magasins largement approvisionnés, qui lui valurent le surnom de « grand vivrier » et qui assuraient la subsistance de l'armée dès son entrée en campagne. Pour cette guerre de sièges
qu'affectionnait particulièrement Louis XIV, il savait combiner
les mouvements des divers corps d'armée, de telle façon qu'ils
se trouvaient tous réunis sous les murs d'une place, alors que
l'ennemi ne se croyait même pas menacé. Il était habile dans
cet art au point d'avoir mis en défaut la perspicacité de Vauban lui-même. Il méritait cet éloge d'un contemporain qui nous

(1) Créqui au roi, 12 octobre 1670. D. G. 250.
(2) Louvois à Créqui, 22 octobre 1670. D. G. 252.

le représente « formant des entreprises qui tenaient du prodige par leur exécution subite et dont le succès n'était jamais incertain, malgré la foule des combinaisons nécessaires qui devaient y concourir (1). » De là à se croire un grand homme de guerre il n'y avait qu'un pas, et ce pas, Louvois le franchit.

Déjà, pendant la guerre de Hollande, nous le voyons avoir de fâcheux débats avec Turenne, auquel, du fond de son cabinet, il prétend dicter des manœuvres. Turenne sut sauvegarder avec fermeté les droits du général en chef. « Vous me permettrez de vous dire, écrivait-il à Louvois, que je ne crois pas qu'il fût du service de Sa Majesté de donner des ordres précis de si loin au plus incapable homme de France (2). » Et de fait, il n'en fit qu'à sa tête, empêchant avec 22,000 hommes la jonction des 20,000 soldats de l'électeur de Brandebourg et des 40,000 impériaux de Beurnonville, et quand la trahison des Strasbourgeois, qui livrèrent leur pont aux Allemands, eut déjoué ses combinaisons, se jetant derrière les Vosges pour cette incomparable campagne d'hiver que l'on sait.

Aussi Louvois n'aimait pas les grands généraux et leur préférait des médiocrités dociles. On peut dire que le boulet de Salzbach le délivra de Turenne, tandis que la goutte le débarrassait de Condé. Un procès scandaleux envoya Luxembourg dans les cachots de la Bastille, au moment où mourait le maréchal de Créqui. Louvois ne s'en émut point outre mesure, il pensait suffire à tout. L'expérience des deux premières années de la guerre de la Ligue d'Augsbourg lui prouva le contraire.

(1) Abrégé chronologique du président Hénault.
(2) Turenne à Louvois, 15 septembre 1673. D. G. 348.

Tout alla mal, et il dut s'estimer trop heureux de rendre un commandement à Luxembourg et de trouver sous sa main Catinat. Sans doute les instructions parties de Versailles furent moins scrupuleusement exécutées que par les maréchaux d'Humières, de Lorges et de Duras ; mais Fleurus et Staffarde rétablirent notre prestige militaire sérieusement compromis par des généraux trop dociles.

Cette tache dans l'œuvre de Louvois n'est, après tout, que secondaire ; ce qui est beaucoup plus grave, c'est la façon dont il prétendit faire intervenir l'autorité militaire dans le domaine de la conscience, transformant ainsi le ministre de la guerre en une sorte d'auxiliaire de la religion d'État. Pour comprendre cette étrange conception de Louvois, quelques mots d'explication sont nécessaires.

CHAPITRE III.

Par la promulgation de l'édit de Nantes en 1598, Henri IV avait accompli une grande œuvre d'apaisement en même temps qu'il commettait une faute. Il avait fait une place dans la nation aux protestants, mais il leur avait aussi créé une situation privilégiée, par l'octroi de places de sûreté. Richelieu corrigea ce que la bienveillance du Béarnais avait eu d'excessif; mais s'il détruisit la Rochelle et enleva aux protestants leurs places de sûreté, il ne toucha pas à leur état civil, respecta leur liberté de conscience et les déclara admissibles à tous les honneurs et à toutes les charges.

Le cardinal Mazarin fit preuve de la même tolérance que son prédécesseur. Touché de leur tranquillité pendant les troubles de la Fronde, il alla jusqu'à parler « des preuves certaines de leur affection et de leur fidélité (1). »

Louis XIV fut moins tolérant.

Du jour même de la mort de Mazarin, il adopta à l'égard des réformés cette ligne de conduite dont il ne dévia jamais et qu'il a sincèrement exposée dans ses Mémoires. « Quant aux grâces qui dépendaient de moi seul, dit-il, je résolus de ne leur en faire

(1) Déclaration de Saint-Germain, 1652.

aucune, pour les obliger de considérer de temps en temps d'eux-mêmes et sans violence si c'était par quelques bonnes raisons qu'ils se privaient volontairement des avantages qui pouvaient leur être communs avec tous mes autres sujets (1). » Cette intention hautement signifiée fut bientôt connue de tout le monde, et d'éclatantes conversions se produisirent; qu'il me suffise de rappeler celle de Turenne.

Malgré ce succès apparent, la politique de Louis XIV à l'égard des réformés alla à l'encontre du but qu'elle se proposait. La bourgeoisie protestante accepta cette exclusion des charges, où elle parvenait du reste rarement. Repoussée des fonctions officielles, elle tourna toute son activité vers l'industrie et le commerce, forma une espèce de vaste association fondée sur la communauté de croyances, prospéra, acquit de grandes richesses honorablement gagnées et devint par cela même l'objet d'une jalousie générale autant que peu justifiée.

Ce fut donc avec l'appui de l'opinion publique que Louis XIV commença contre le protestantisme cette guerre sourde qui devait se terminer par le coup d'éclat de la révocation de l'édit de Nantes.

Dès 1665, il déclara son intention d'interpréter dans un sens favorable à la religion catholique tout ce qui n'était pas formellement stipulé dans l'édit de Nantes. D'abord destruction des temples non spécifiés dans l'édit. Le même édit n'a point établi si un protestant devait être enterré de jour ou de nuit : il le sera donc la nuit, tout comme les suppliciés. Sans doute l'édit

____

(1) Louis XIV, Mémoires, tome II, p. 456.

autorise des écoles protestantes en des lieux déterminés, mais il a oublié de dire ce qu'on enseignerait dans ces écoles, où on ne tolérera qu'un maître pour tous les élèves, quel que soit leur nombre. Les matières d'enseignement seront donc la lecture et l'écriture, à l'exclusion de toute chose concernant la religion. Enfin, en 1681, paraît cette déclaration par laquelle tout enfant protestant peut abjurer contre le gré de ses parents dès l'âge de sept ans, cet âge « étant indiqué comme celui auquel les enfants sont capables de raison et de choix dans une matière aussi importante que celle de leur salut (1). »

Aussitôt les honnêtes gens cherchèrent par tous les moyens à détourner des enfants protestants pour en faire des catholiques. Mme de Maintenon enlève la fille de son cousin M. de Villette (avril 1681) : c'était une enfant de neuf ans, qui devint plus tard Mme de Caylus. Elle-même, dans ses Mémoires, nous a raconté comment s'opéra sa conversion. On la mena à la messe du roi; puis, tandis qu'elle était encore tout éblouie de ce qu'elle avait vu, on lui demanda si elle voulait y revenir tous les jours et avoir des confitures, ou bien être envoyée au couvent. Naturellement elle préféra les confitures.

- Cette fureur des conversions alla si loin qu'on créa même une caisse spéciale pour décider les consciences hésitantes. Un intendant de Poitou, Marillac, trouva moyen de faire sa cour à moins de frais. Il imagina de loger les gens de guerre chez les protestants de sa généralité, en exigeant toutes les charges

(1) Déclaration du 17 juin 1681.

que comportait ce logement. Les conversions furent nombreuses. Ce fut un trait de lumière pour Louvois. « Saisissant
cette occasion de soutenir son crédit dans la paix comme dans
la guerre, il fit servir les troupes d'instrument à la religion dont
le roi était rempli (1). » Tout d'abord, il félicite chaudement
Marillac, l'engageant à « continuer en se servant des mêmes
moyens qui ont réussi jusqu'à présent (2). » Il lui annonce l'envoi prochain d'un régiment de cavalerie, « lequel sera logé dans
les lieux que vous aurez soin de proposer. » On le voit, c'est le
principe des conversions par logement des gens de guerre, qui
est admis.

Ce ne sont pourtant point encore les dragonnades; car Louvois, ayant appris que des excès ont été commis, s'en indigne.
Il dit expressément en parlant du roi : « Son intention est que
vous vous absteniez de menacer les gens de ladite religion qui
ne voudront pas se convertir (3). » Il revient à la charge, car
« rien n'est si contraire aux intentions de Sa Majesté que les
violences. Elle m'a ordonné de vous recommander de prendre
telles mesures qu'elles cessent absolument (4). »

Il paraît que Marillac fit la sourde oreille. Il pensait que la
passion du roi serait plus forte que la modération du ministre.
Il s'attire un sévère avertissement. « Vous avez grand intérêt,
lui écrivait Louvois, à remédier à ces désordres et à les faire
cesser absolument, Sa Majesté me paraissant disposée à prendre

(1) Œuvres de Daguesseau, Discours sur la vie de son père. Vol. XIII, p. 51.
(2) 18 mars 1681. D. G. 653.
(3) 2 mai 1681. D. G. 654 bis.
(4) 26 août 1681. D. G. 655.

quelque mesure fâcheuse, si elle apprenait que cela conti-
nuât (1). » Cela continua, et effectivement Marillac fut destitué.
On voit assez que jusqu'alors Louvois désapprouve toute violence.

Ce n'était point qu'il fût pris de tendresse pour les religionnaires ; nous savons même par la correspondance de Mme de Maintenon que là encore il était en dissentiment avec Colbert. « Il n'y
aura plus qu'une religion dans le royaume, écrit-elle : c'est le
sentiment de M. Louvois, et je le crois là-dessus plus volontiers
que M. Colbert qui ne pense qu'à ses finances et presque jamais
à la religion. »

Le logement pratiqué selon la méthode de Louvois avait
donné tous les résultats qu'on pouvait raisonnablement en
espérer. Les peureux avaient capitulé ; les plus riches s'étaient
rachetés à prix d'argent, les violences n'avaient été que rela-
tives. Il fallait à tout prix obtenir des conversions nouvelles.

Louvois n'hésita pas. Il rendit le logement *effectif*, au point
d'imposer quinze à vingt garnisaires dans une seule maison. Il
fallait héberger et coucher toute cette bande, donner en surplus
vingt sous par jour à un maître (lisez un cavalier), dix sous à un
fantassin (2). S'il y avait un malade dans la maison, les soldats
s'installaient dans sa chambre, y fumaient au point de rendre
l'air irrespirable, tandis qu'un tambour, placé dans une pièce
voisine, remplissait la maison des roulements de sa caisse. De
temps à autre, un camarade venait le relayer de façon à lui
permettre de se reposer, tandis que le pauvre malade n'avait de

(1) 19 septembre 1681. D. G. 658.
(2) Lettre à Boufflers. D. G. 31 juillet 1685.

répit, ni le jour, ni la nuit. Cela durait jusqu'au moment où le patient se déclarait converti.

Je ne cite là qu'un moyen des plus innocents parmi ceux employés par ces étranges missionnaires. C'étaient généralement des dragons qui étaient honorés de ces tâches délicates. De là le nom de *dragonnades* consacré par l'histoire.

Les conversions obtenues par de pareils moyens étaient-elles sérieuses? il est permis d'en douter. Il faut dire, à l'honneur de Louvois, qu'il empêcha dans la mesure du possible les tracasseries contre les nouveaux convertis. Le comte de Tessé proposait d'établir des inspecteurs chargés de constater si les nouveaux convertis allaient à la messe. Louvois fit cette réponse : « Sa Majesté ne désire pas qu'on fasse rien qui sente l'Inquisition... et n'a pas jugé à propos que ce qui est contenu dans ce mémoire fût exécuté. » Parole louable, et qui montre que Louvois est moins coupable que l'opinion de son siècle et l'adulation pour le roi. Ses ordres ont souvent été dépassés.

Ces violences contre les protestants durèrent d'une façon ininterrompue de 1683 à 1685. Après quoi le roi jugea qu'il n'y avait plus de protestants en France. Dès lors l'édit de Nantes n'eut plus sa raison d'être. « La meilleure et la plus grande partie de nos sujets de la religion prétendue réformée ont embrassé la catholique; l'édit de Nantes demeure inutile (1). » Et après ces mots, Louis XIV le supprima.

L'opinion publique fut unanime à applaudir Louis XIV.

(1) Préambule de la révocation de l'Edit de Nantes.

Bossuet ne trouva pas d'expressions assez fortes pour louer le « nouveau Constantin » ; il se réjouit de voir ainsi « les troupeaux égarés revenir en foule » et les églises « trop étroites pour les recevoir (1) ». Le doux Michel Letellier, père de Louvois, s'applaudit d'avoir comme chancelier mis sa signature au bas de la révocation, et déclara qu'il « ne se souciait plus de finir ses jours (2) ». « J'admire la conduite du roi pour détruire les huguenots, s'écria Madame de Sévigné ; jamais aucun roi n'a fait et ne fera rien de plus mémorable (3). » « Cela lui attirera bien des bénédictions du ciel, ajouta Mademoiselle de Scudéry (4). » La Fontaine en fut tout réjoui, car le fruit de cette habile conduite

> Est que la vérité règne en toute la France,
> Est la France en tout l'univers (5).

Arnauld, le grand docteur janséniste, trouva bien qu'on avait « employé des voies un peu violentes » ; mais il ne les croit pas injustes (6). Elles devaient un jour être employées contre Port-Royal ! Il n'est pas jusqu'au grave La Bruyère qui, parmi « les dons du ciel » nécessaires « pour bien régner », place « une vaste capacité » qui bannisse du royaume « un culte faux, suspect et ennemi de la souveraineté (7) ». On alla jusqu'à élever

(1) Oraison funèbre de Michel Letellier.
(2) Oraison funèbre de Michel Letellier.
(3) Madame de Sévigné à Bussy.
(4) Mademoiselle de Scudéry à Bussy.
(5) Epître à M. Bonrepaus, 5 février 1687.
(6) Lettre à Madame du Vaucel, 28 décembre 1685.
(7) La Bruyère, Du Souverain ou de la République. — Les « Caractères » parurent en 1687.

à l'hôtel de ville la statue du souverain qui avait rapporté l'édit de Nantes !

Mais Louvois ne pouvait pas s'associer aux protestations indignées que fulminait Saint-Simon au fond de son cabinet, les portes bien closes (1) ; pas même à la protestation beaucoup plus franche et noble que Vauban eut le mérite de crier tout haut (2). Avec son esprit entier et pénétré de discipline militaire, le roi ayant parlé, il ne restait plus qu'à obéir.

A partir de 1685, la persécution revêt un caractère sauvage. Les dragon sont la liberté de tout faire, hormis de tuer. Louvois écrit à l'intendant de Poitou : « Le roi ordonne... qu'au lieu de vivre avec le bon ordre qu'ils (les dragons) ont fait jusqu'à présent, l'on leur laisse faire le plus de désordre qu'il se pourra pour punir cette noblesse de sa désobéissance (3) ». Les pauvres gens envoient une députation au roi pour demander justice. Louvois écrit aussitôt à l'intendant pour lui apprendre que trois gentilshommes porteurs des doléances « ont été arrêtés par ordre du roi et conduits prisonniers à la Bastille (4) ».

Il ne ménage personne, à commencer par lui-même. « La terre de Barbezieux m'appartient, écrit-il à l'intendant de Saintonge, dans laquelle il y a beaucoup de religionnaires fort opiniâtres. Je vous supplie de leur envoyer tout le nombre de troupes qui sera nécessaire pour les obliger à donner le bon exemple, et d'en user de même dans toutes les terres des gens

(1) Saint-Simon. Parallèle des trois premiers Bourbons, p. 225.
(2) Voir Vauban, p. 226.
(3) D. G. octobre 1685.
(4) D. G. 11 novembre 1685.

de la cour, où il y aura des religionnaires, rien ne pouvant mieux les persuader que c'est tout de bon que le roi désire leur réunion à l'Eglise romaine qu'en leur faisant voir que ceux à qui ils appartiennent ne peuvent plus leur donner aucune protection (1). » — Et il revient à la charge peu de temps après : « Il n'y a pas de meilleur moyen pour persuader les Huguenots que le roi n'en veut plus souffrir en France, que de bien maltraiter ceux de Barbezieux (2). »

Le moindre essai de résistance le met hors de lui-même. Dans la généralité de Bordeaux, à Clairac, les protestantes s'étaient jetées dans le temple, et les soldats envoyés pour le démolir n'avaient osé le renverser sur la tête de ces femmes désolées. Louvois est moins scrupuleux. Il regrette amèrement l'hésitation des soldats, et il ajoute : « Il eût été à désirer qu'on eût fait tirer par les dragons sur les femmes de la religion prétendue réformée qui se sont jetées dans le temple, lorsque l'on a commencé la démolition (3). »

Il n'est pas jusqu'aux peuples voisins qui, mus de compassion, et donnant asile aux réformés, ne s'attirent par là les menaces de Louvois. Il écrit à Latrousse, gouverneur de Pignerol : « Le roi désire que vous essayiez par tous les moyens de faire attraper quelqu'un des Savoyards et Piémontais qui favorisent la désertion de ses sujets de la religion prétendue réformée, et que l'on en fasse une si briève justice que les autres apprennent à devenir sages. »

(1) D. G. 8 septembre 1685.
(2) D. G. Décembre 1685.
(3) D. G. A M. de Boufflers, octobre 1685.

Voilà comment Louvois employa l'armée à une œuvre d'oppression d'abord, et de destruction ensuite ; car les résultats de toutes ces vexations furent à la fois désastreux et incalculables.

Malgré cette tache, l'œuvre militaire de Louvois reste immense.

Il a créé l'armée française telle qu'elle a subsisté jusqu'à la Révolution. Il l'a rendue dépendante et disciplinée, en la plaçant dans la seule main du roi ; il l'a dotée d'un corps d'officiers tel qu'il n'y en avait point alors en Europe, d'un matériel de premier ordre, de règlements excellents. Quand l'Europe coalisée courut au secours de la Hollande, les alliés étaient pleins de confiance et en leurs troupes et en des généraux comme Guillaume et Montecuculli. L'armée de Louvois leur prouva qu'il fallait en rabattre. Ils passèrent à une prudente défensive, et de guerre lasse durent s'estimer heureux d'accepter le traité de Nimègue. La France ne saurait oublier que l'administration de Louvois l'a préservée de l'invasion.

CHAPITRE IV.

Cette autorité absolue sans restriction et que Louvois s'attri-
buait dans les choses de la guerre, il y prétendit aussi dans
toutes les parties de l'administration.

Nous avons montré Louis XIV assez peu ému de la mort de
Colbert : c'est qu'il avait sous la main son remplaçant, et ce remplaçant, c'était Louvois.

Comme ce dernier était déjà surchargé par les attributions
multiples de la guerre, il ne parut point convenable de lui
donner par surcroit cet écrasant fardeau auquel pouvait à peine
suffire l'activité de Colbert. On résolut de mettre en sa place
quelque honnête commis, propre à expédier les affaires en
allant prendre le mot d'ordre auprès du marquis de Louvois.
Cet homme de paille se rencontra fort à propos dans la personne
de Claude Lepelletier, prévôt des marchands à Paris, apparenté
à la famille Letellier. C'était un homme doux et honnête, « une
cire molle », selon l'expression de Gourville. Il eut beau se
défendre, protester qu'il n'entendait rien aux finances ; le roi,
qui savait être fort aimable quand il le jugeait à propos, lui
répondit : « Je sais, moi, ce que vous pouvez. » Il pouvait être

un instrument passif entre les mains des Letellier, et c'est
pourquoi il devint contrôleur général. La marine seule fut conservée au marquis de Seignelay, fils de Colbert, tandis que
Louvois recevait la surintendance des bâtiments. En réalité,
directement ou indirectement, il disposait de tout l'héritage de
Colbert. Voyons comment il s'en servit.

Commençons par le ministre des travaux publics. Nous trouvons que les dépenses des bâtiments, qui, en 1682, ne dépassaient pas 6 millions, s'élevaient à quinze millions en l'année
1688. Pourtant tout le gros œuvre de Versailles était fait; l'ermi-
tage de Marly, qui coûta deux cents millions, était construit
également; la fameuse machine de Marly transportait déjà seau
à seau le fleuve de la Seine dans le parc de Versailles. Il reste bien
à « achever la pièce d'eau de Neptune », à « parachever la pyra-
mide des couronnes (1) » ; mais c'est là besogne courante et
qui n'expliquerait pas de telles dépenses, si Louvois, projetant
de nouveaux bassins pour le parc, n'avait rêvé de déverser à
Versailles la rivière de l'Eure en la conduisant de force sur le
plateau de Trappes.

Il fallait pour cela capter les eaux assez près de la source
pour que le canal les conduisit au niveau des hautes eaux dans
les réservoirs, assez loin pour laisser encore aux riverains une
partie de la rivière. Le niveau de cette rivière au petit village
de Pontgouin répondait à ces conditions. Il s'agissait dès lors
de conduire en ligne droite la prise d'eau à Versailles, en lui
faisant franchir un repli de la rivière par un pont aqueduc.

____

(1) Louvois au roi, 7 février 1684. D. G. 714.

situé précisément à Maintenon. Cela devait plaire à la dame du lieu.

Vauban fut chargé de diriger les travaux. Il accepta cette mission, sans grand enthousiasme pourtant ; car Louvois, qui décidément était un homme universel, discutait ses plans pour y substituer les siens.

Les trente mille hommes qui venaient de se conduire si vaillamment au siège de Luxembourg reçurent en récompense l'ordre de remuer des terres malsaines et humides. Bientôt tous ces héros moururent d'une mort obscure et inutile à tout le monde. La mortalité était si grande que, s'il faut en croire Saint-Simon, défense fut faite d'en parler. Cependant le roi et la marquise venaient visiter l'ouvrage. Ils étaient fiers de l'entreprise. « C'est un beau spectacle, écrivait madame de Maintenon, que de voir une armée entière travailler à une terre. » Il est vrai que l'armée y périt tout entière. Puis survint la guerre de la Ligue d'Augsbourg, et il fallut abandonner les travaux qui ne dépassèrent pas Houdreville. Louvois eût bien voulu alors retrouver les trente mille hommes qu'il avait sacrifiés à cette folle entreprise ; mais comme il était impossible de les remplacer, afin de mettre une barrière entre les Allemands et la France, il décida l'incendie du Palatinat, acte sauvage et dont les conséquences se font encore sentir de nos jours dans la haine inexpiable que nous ont vouée les Allemands.

Le surintendant, qui avait aussi la direction des beaux-arts, y apportait une rondeur toute militaire. Pour les bâtiments, il ne dépasse pas le niveau d'un maçon ; pour les beaux-arts, il peut aller de pair avec ce consul romain prévenant son pilote qu'il le rendait responsable des statues emportées de Corinthe ; le pilote devait faire remplacer à ses frais une tête ou une jambe détériorée ! Ainsi Louvois écrit à La Tuilière, son chargé d'affaires en Italie : « J'aime mieux une belle copie d'un marbre bien poli, qu'une antique qui eût le nez ou un bras cassé. » Et il recommande de ne pas rechercher dans les statues « une extrême beauté qui les renchérit considérablement » (1).

Il traitait les artistes comme il eût traité ses officiers. Il parle de jeter à Fort-l'Évêque le fameux fabricant de meubles Boulle, parce qu'il est en retard pour la livraison d'une commande au dauphin (2). Il menace les élèves de l'école de Rome, s'ils ne travaillent pas aux sujets imposés, « de les renvoyer tous les uns après les autres » ; sans compter « qu'en arrivant ici je les ferai mettre à Saint-Lazare pour un an. » — Que nous voilà loin de la protection éclairée et intelligente de Colbert !

Ce fut seulement en matière commerciale que Louvois copia son devancier. Il le surpassa même. Il apporta dans une protection à outrance cet esprit d'absolutisme qui est le trait dominant de son caractère. Sa correspondance avec Lepelletier le montre aiguillonnant sans cesse le contrôleur général ; puis, le trouvant trop mou, il finit par se substituer entièrement à lui. Il reçoit les ouvertures d'un sieur Coustard qui offre de fabriquer un drap tel « que toute l'Angleterre ne saurait surpasser cela », et disposé de telle sorte « qu'il n'y a point de pluie qui le puisse percer (3). » Dès 1686, ordonnance d'après laquelle

(1) Louvois à La Tuilière, 30 mars 1682. D. G. 675.
(2) Voir Camille Rousset, Louvois, t. III, p. 281, note.
(3) Louvois à la Reynie, 1er septembre 1685. D. G. 795.

l'armée française ne peut être habillée que de drap français. En 1687, le roi lui-même se plie à cette obligation. Louvois fait fabriquer un drap spécial rayé, à l'usage de la cour. Il n'est pas permis d'en porter d'autre. C'est le triomphe de l'uniforme introduit jusqu'à la cour !

Mais voici que, malgré les belles promesses du sieur Coustard, le drap ne vaut rien. Il se rétrécit à l'usage. Il sent extrêmement mauvais dans les premiers jours. Le roi est obligé de quitter un habit neuf deux heures après l'avoir mis. Tout le monde est furieux contre le ministre, qui malmène à son tour le fournisseur, mais qui tient bon et obtient du roi de lutter encore. Alors on conspire, et un beau matin le dauphin parait avec un justaucorps de drap hollandais sur les épaules. Il est vrai qu'on avait pris soin d'y peindre les raies réglementaires ; mais la contrefaçon est bientôt reconnue. Le dauphin s'en tira à bon compte ; car il fut démontré qu'il avait été la victime d'un noir complot tramé par la duchesse d'Uzès, chargée du soin de sa garde-robe. La duchesse fut disgraciée. On rechercha, sans le trouver, l'artiste qui avait peint les raies ; enfin le malencontreux justaucorps qui avait fait tant de bruit paya pour tout le monde. Il fut solennellement brûlé en place de Grève !

Quelques jours plus tard, le roi était exposé à tomber dans le même piège que le dauphin. Déjà on lui coupait un habit à raies dans une pièce de drap d'Angleterre, frauduleusement introduite en France ; mais Louvois veillait, et un pareil malheur put être évité. Cette guerre puérile fut interrompue par une autre beaucoup plus sérieuse, celle de la Ligue d'Augsbourg.

Louis XIV fait brûler publiquement le justaucorps du Dauphin.

Le malheureux contrôleur général, protégé de Louvois, était véritablement au supplice. Il suivait autant que possible ce qu'on appelait les errements de ce Colbert qu'il aimait, dont il avait certains bons côtés, l'ordre, le bon sens, l'application au travail, la probité rigoureuse, et dont il devait se faire le censeur en public, pour ne point perdre les bonnes grâces de son protecteur. C'est en gémissant qu'il accorde aux possesseurs d'offices un tarif plus élevé, ce qui aggrave les abus attachés à la vénalité des charges ; il déplore la continuelle augmentation des tailles, il a recours aux affaires extraordinaires, qu'il réprouve en secret. Aussi, lorsqu'en 1689 le roi lui propose d'échanger le contrôle général, qu'il destine à Pontchartrain, contre le poste de chancelier, il se hâte d'accepter en disant : « Comment ne quitterais-je pas volontiers le contrôle général pour la première dignité de l'État, quand je le quitterais volontiers pour rien (1) ! » Pourquoi ce cri parti du cœur ? c'est qu'il ne pouvait suffire aux demandes d'argent de Louvois, qui, en surplus des constructions, avait toujours sur le tapis quelques petites entreprises, comme les chambres de réunion, des empiètements à faire, des consciences a acheter, et cela commençait à coûter fort cher.

Nous voici tout naturellement conduits à parler du rôle de Louvois dans la direction de la politique extérieure.

(1) Pour tout ce rôle de Lepelletier, voir un article de M. Desdevizes du Dézert, Mémoires de l'Académie de Caen, 1877.

CHAPITRE V.

LOUVOIS MINISTRE DES AFFAIRES ÉTRANGÈRES.

Ce fut petit à petit et par degrés que Louvois s'insinua dans la confiance de Louis XIV au point d'avoir une influence prépondérante dans la direction de la politique extérieure. Tout d'abord, il semble se confiner dans la direction des choses militaires. La guerre de dévolution est inspirée par un esprit de chicane et toute bardée de précautions de procureur, où se devine la main de Letellier, mais non celle de son fils. Il n'en est plus de même pour la guerre de Hollande. Sans doute c'est la diplomatie de Hugues de Lionne qui a su isoler si complètement les Hollandais ; mais quand la mort vient le surprendre, le 1ᵉʳ septembre 1671, c'est Louvois qui est chargé de l'intérim des affaires étrangères, en attendant l'arrivée de Pomponne, notre ambassadeur de Suède, l'héritier de la charge du défunt. Louvois prit goût à ses fonctions nouvelles. Cependant il remit entre les mains du nouveau titulaire la direction des affaires étrangères, mais il sut y garder une part excessive et une influence d'ailleurs néfaste.

Il n'avait pas la notion de l'impossible. Lorsque, dans le premier moment d'épouvante, les Hollandais vinrent humblement demander la paix, offrant en retour les villes du Rhin, cédant

une zone de territoire qui faisait des Pays-Bas espagnols une
enclave de la France, Louvois estima ces conditions insuffi-
santes, et son opinion devint celle du roi. Il exigeait Nimègue,
Bommel, Grave, possessions dont personne n'entrevoyait
l'utilité pour le roi de France, mais qui étaient une menace
dirigée contre l'Allemagne. Ce fut une faute très grave. L'excès
du malheur rendit l'énergie aux Hollandais. Les Français
durent reculer devant l'inondation. Les sympathies que la politique sage et prudente de Richelieu et de Mazarin avait su
grouper autour de la France s'évanouirent à tout jamais, et
une première coalition se forma contre elle. Louvois avait tout
préparé, de telle sorte que la coalition fut durement battue. Le
traité de Nimègue porta au comble la gloire de Louis XIV et,
par suite, de celui qui avait été son principal conseiller. On
ne vit pas tout d'abord que, si la France acquérait une province et une admirable frontière, la Hollande sortait intacte de
cette lutte où elle devait disparaître, et demeurait ainsi le véritable vainqueur. L'enthousiasme ne connut plus de bornes ;
Louis XIV fut proclamé *le grand*, et il apprécia davantage
celui à qui il devait cet encens. Ainsi, ce qui semblait devoir
ébranler la fortune de Louvois la porta, au contraire, à son
apogée.

Il en profita pour essayer de se faire attribuer d'une façon
effective le département des affaires étrangères qu'il convoitait.
Une sourde coalition se forma entre Colbert et Louvois contre
Pomponne. Elle eut les résultats espérés. Le roi prit en dégoût
son ministre des affaires étrangères. « J'ai souffert, écrit-il,
plusieurs années de sa faiblesse, de son opiniâtreté, de son

inapplication. Il m'en a coûté des choses considérables ; je n'ai pas profité de tous les avantages que je pouvais avoir, et tout cela par complaisance et par bonté (1). » Jugement injuste, mais qui motiva une éclatante disgrâce. Cette fois pourtant, Louvois se trouva avoir travaillé pour autrui. Ce fut Colbert de Croissy, frère du ministre des finances, qui remplaça Pomponne disgracié. « On bat les buissons, dit malignement madame de Sévigné, et les autres prennent les oiseaux ; de sorte que l'affliction n'a pas été médiocre (2). »

Une fois remis du premier moment de mauvaise humeur, Louvois prit sa revanche en supplantant son heureux rival, en dirigeant par-dessus sa tête la politique extérieure par l'invention des chambres de réunion. L'archéologie introduite en matière de politique internationale, ce fut le triomphe de Louvois.

(1) Mémoires de Louis XIV, t. II, p. 521.
(2) Lettre du 22 novembre 1679.

CHAPITRE VI.

LOUVOIS ET LES CONQUÊTES EN PLEINE PAIX.

Après plus de trente ans, Louis XIV et son ministre s'avi-
sèrent de remarquer que les traités de Westphalie n'avaient
jamais reçu leur complète exécution. Le traité d'Aix-la-Chapelle, même celui de Nimègue, comportaient des compléments
que la France avait négligés par pure grandeur d'âme. On ne
lui en savait aucun gré ; le moment était venu de quitter tout
ménagement pour une Europe en vérité bien peu reconnaissante.

Les traités avaient cédé à la France les Trois Évêchés, l'Alsace
et la Franche-Comté *avec leurs dépendances*. Il s'agissait de
savoir quelles étaient ces dépendances : affaire purement juri-
dique d'ailleurs, du ressort des parlements locaux, constitués
pour la circonstance en tribunaux ou *chambres de réunion*.

Il y avait aussi l'affaire de la Décapole ou, pour mieux dire,
des dix villes impériales d'Alsace. Dépendaient-elles de l'empereur, malgré le suprême domaine concédé au roi ? C'est ce qu'il
devenait temps de décider.

Il y avait enfin la grave question de la ville libre de Strasbourg.

C'est Louvois qui, libre désormais des soucis de la guerre,
sera l'âme de ces trois entreprises. Colbert de Croissy n'est

plus qu'un sous-ordre, un commis subordonné au premier ministre. En veut-on un exemple ? Voici comment Louvois l'informe de l'institution des *chambres de réunion* :

« Les évêques de Metz, Toul et Verdun ayant représenté au roi que la plupart de leurs vassaux leur refusaient obéissance, Sa Majesté a nommé une chambre composée de treize juges du Parlement de Metz pour connaître des différends desdits évêques avec leurs vassaux. » Voilà donc quelque chose d'apparence toute bénigne et pacifique ; mais comme la vraie pensée se dévoile un peu plus loin : « Afin de ne point faire trop de bruit, il ne faut comprendre dans une même requête que cinq ou six villages, et de huitaine en huitaine en faire présenter sous le nom de chacun desdits évêques, moyennant quoi, en peu de temps, l'on aura fait assigner tous les lieux qui ont reconnu le duc de Lorraine et qu'on peut prétendre avoir été autrefois desdits évêchés (1) ».

Voilà nettement définie l'œuvre que devront poursuivre les chambres de réunion. C'est ainsi que le Parlement de Besançon décida la réunion de Montbéliard, et le duc de Wurtemberg se vit contraint de prêter hommage pour ce fief à Louis XIV. Le conseil souverain d'Alsace, tenant lieu de parlement et siégeant au Neuf-Brisach, rappelait qu'au temps du roi Dagobert, certains fiefs allemands relevaient de l'abbaye de Wissembourg. Mais la palme revient encore au Parlement de Metz dirigé par le conseiller Ravaux. Il prononça, entre autres réunions, celle de Sarrebourg, de Sarrelouis, de Pont-à-Mousson, du duché de

____

(1) Mémoire pour Colbert de Croissy du 7 janvier 1680. D. G. 637.

Deux-Ponts. C'était un fief que détenait le roi de Suède. Il réclama vivement, mais vainement, et Louis XIV ne craignit pas de s'aliéner pour jamais l'alliance si précieuse de la Suède.

L'Europe assistait à ces annexions en pleine paix, frappée de stupeur, mais au demeurant impassible. Elle commença à s'émouvoir sérieusement, surtout l'Allemagne, quand elle apprit que le Parlement de Metz avait prononcé la réunion du comté de Chiny.

Comme territoire, c'était là peu de chose ; mais de ce comté avaient dépendu autrefois de nombreuses terres allemandes, et Louis XIV pouvait désormais pousser ses revendications jusqu'au delà de Trèves. La France devenait comme un cancer qui allait indéfiniment ronger l'Allemagne : on ne savait où s'arrêterait le roi et s'il ne franchirait pas la ligne du Rhin. Telle n'était point cependant son intention. L'objectif de Louvois était la forteresse de Luxembourg, alors au pouvoir des Espagnols.

Profitant de ce que tous les territoires avoisinant Luxembourg dépendaient du comté de Chiny, il les fit occuper militairement. Se fondant ensuite sur ce que le roi de France réclamait Alost et quelques autres lieux des Pays-Bas sans les obtenir, à cause des lenteurs de la conférence de Courtrai, il s'avisa d'ordonner aux gens de guerre d'arrêter toute denrée ou marchandise à destination de Luxembourg, qui se trouva ainsi affamée et bloquée en temps de paix.

L'opinion, longtemps contenue, éclata enfin, surtout en Allemagne, où parurent de nombreux pamphlets. Il est plaisant de voir en cette circonstance les airs étonnés de Louvois deman-

dant à tout homme impartial « s'il n'était point permis au roi
de loger des troupes dans les villages qui lui appartenaient, si
ce n'était pas bien faire voir qu'il ne voulait point la guerre que
de bloquer une place, lorsqu'il était en état d'en prendre trois
ou quatre devant qu'on songeât seulement à s'y opposer » ; et
il termine en admirant la bonté toute paternelle du roi qui fait
« ce que font proprement ces pères et mères, lesquels montrent
les verges à leurs enfants, pour les corriger seulement, de
peur qu'ils ne se portent à des excès qui puissent leur attirer
une autre punition. Mais tout de même que la plupart de ces
enfants accusent leurs pères et leurs mères de cruauté pour ne
les pas vouloir laisser dans le libertinage, ainsi le roi, pour ne
vouloir rien laisser de ses droits, passe chez ses envieux pour
un prince rempli d'ambition... (1). » Un peu plus, et il faudrait
que l'Europe remerciât le roi et son ministre.

L'Espagne perdit enfin patience et déclara la guerre ; mais
personne n'osa venir à son secours. L'Allemagne était à peine
remise de l'émotion que lui avait fait subir le siège de Vienne
par les Turcs. Réduite à ses propres forces, l'Espagne fit pauvre figure. Les Français entrèrent sans résistance à Courtrai,
à Dixmude, où il y avait bien 17 hommes de garnison. Il n'y
eut de résistance sérieuse qu'à Luxembourg, mais Vauban
était là (2).

En Alsace, les choses avaient marché avec une égale facilité.

Dès 1679, Louvois, faisant un voyage dans la province, écri-

______

(1) Réponse au livre intitulé : La conduite de la France depuis la paix de
Nimègue, p. 25 et 26.

(2) Voir Vauban, p. 220 et suivantes.

vait à Louis XIV : « J'ai fort entretenu l'intendant de tout ce qu'il y a à faire pour étendre la domination de Votre Majesté, autant qu'elle le doit être suivant le *véritable sens* du traité de Munster (1) » (traité de Westphalie).

Il y avait lieu en effet de se demander quel était ce véritable sens, en présence des articles 73 et 87 de ce traité, articles absolument contradictoires.

L'article 73 et le suivant disent en propres termes : « L'empereur... cède... les dix villes impériales situées en Alsace, savoir Haguenau, Colmar, Schlestadt, Wissembourg, Landau, Obernai, Rosheim, Munster dans la vallée de Saint-Grégoire, Kaiserberg, Turkheim... avec tous les droits régaliens, sans aucune réserve, avec toute espèce de juridiction, de supériorité, de domaine suprême..., de manière qu'aucun empereur ou prince de la famille impériale ne puisse ni ne doive jamais, à l'avenir, prétendre y posséder aucun droit. »

Voilà qui semble clair et précis, tout autant que l'article 87, qui dit absolument le contraire : « Le roi très chrétien sera tenu de laisser... les dix villes impériales dans le droit dont elles ont joui jusqu'ici de relever immédiatement du Saint-Empire, de sorte qu'il n'y puisse prétendre ultérieurement aucune supériorité royale, mais qu'il se contente des droits qui appartenaient à la maison d'Autriche, et qui par ce présent traité sont cédés à la couronne de France ; de manière cependant que, par cette déclaration, il *ne soit point dérogé aux droits de domaine suprême* ci-dessus accordés à la France. » On avait

(1) Louvois au roi. 15 juin 1679. D. G. 632.

longtemps bataillé sur cet article, mais Mazarin, qui sentait
venir la fronde, avait prescrit à nos plénipotentiaires de céder
là-dessus, sachant bien qu'en cas de discussion, la raison du
plus fort serait la meilleure. Louvois s'était arrangé de façon
à rendre cette raison tout à fait excellente, il voulait en profiter. L'opération se fit le plus simplement du monde. Il suffit
aux troupes royales de se présenter devant les places ci-dessus
indiquées, pour y entrer sans résistance comme sans protestation.

Restait, au milieu de l'Alsace, la ville libre de Strasbourg.

C'était une sorte de république aristocratique où quelques grandes familles détenaient les magistratures, soucieuse
avant tout de sauvegarder son indépendance tant contre
les entreprises de l'empereur que contre celles du roi de
France.

Tant que le premier avait été à craindre, Strasbourg avait eu
avec la France des relations très cordiales. Mais cette bienveillance s'était changée en hostilité, depuis que le roi de
France était devenu un puissant voisin. Pendant la guerre de
Hollande, Strasbourg avait plusieurs fois violé sa neutralité et
livré le passage de son pont aux troupes allemandes, ce qui
n'avait pas été sans préjudice pour les armes françaises. A la
fin de la campagne, au mépris des traités, elle avait appelé et
accepté une garnison impériale. Tout cela s'était préparé sans
trop de mystère, de telle façon que le maréchal de Créqui,
commandant nos forces sur la rive droite du Rhin, avait proposé à Louvois d'enlever Strasbourg par un coup de main. La
réponse ne s'était pas fait attendre. « Sa Majesté ne juge pas à

propos de faire une pareille entreprise (1) », répondait le ministre. Cette parole est bonne à retenir et montre assez quelles
étaient les intentions conciliantes à l'égard de Strasbourg, à la
fin de juillet 1678.

Mais l'incartade des Strasbourgeois modifia les sentiments
du roi ; car, lorsque Créqui demande l'autorisation de réparer
les deux forts qui protégeaient la tête du pont de Strasbourg
sur la rive allemande, Louvois répond : « Comme on les resti-
tuera dans l'état où ils seront lors de la signature de la paix,
ils causeraient peut-être des difficultés insurmontables, dans
des temps où Sa Majesté *pourrait prendre la résolution de faire
attaquer Strasbourg* (2) ».

Les Strasbourgeois, qui avaient vu s'éloigner, en vertu du
traité de Nimègue, la garnison allemande, se sentirent fort
inquiets des suites de leur équipée, et ils députèrent deux de
leurs magistrats vers Louis XIV pour sonder ses intentions.
Le roi demeura impénétrable, mais honora les deux ambassadeurs , Dietrich et Güntzer, chacun d'une belle chaîne d'or
avec médaille : ce qui leur valut plus tard d'être accusés d'avoir
vendu et trahi la ville dont ils devaient défendre les intérêts.
Il faudrait avouer alors que leur conscience était à un taux peu
élevé, car on a retrouvé l'ordre du roi à son trésorier pour
payer les fameuses chaines, et le compte s'élève à trois mille
livres !

Le peu de succès de cette ambassade fit comprendre aux
magistrats de Strasbourg que les jours de la république étaient

(1) Louvois à Créqui, 27 juillet 1678.
(2) Louvois à Créqui, 15 août 1678. D. G. 608.

comptés. Ils ne songèrent plus qu'à tirer d'une situation mauvaise par leur faute le meilleur parti possible. Bientôt la ville reçut des visites plus que suspectes. Un baron de Merci séjourna dans la ville, sous prétexte d'intérêts particuliers à suivre, en réalité pour négocier la remise de la place entre les mains de l'empereur. Le Palatinat se remplissait de troupes allemandes. Tout paraissait préparé pour un coup de main. L'agent que Louis XIV entretenait auprès du gouvernement de Strasbourg le tenait au courant de toutes ces démarches et de ces préparatifs ; mais le roi avait encore un autre allié très utile, c'était l'archevêque de Strasbourg, Egon-François de Furstemberg. Cet archevêque *in partibus* entretenait des relations suivies avec un petit parti catholique, et par suite français, demeuré dans la place. C'était donc en toute connaissance de cause qu'il faisait écrire : « Je dois avertir Votre Majesté qu'il court un bruit sourd que l'on traite sous main de la part de l'empereur avec les plus zélés pour ses intérêts dans la ville de Strasbourg, afin d'y introduire trois ou quatre mille hommes de ses troupes, avant que Votre Majesté en puisse être avertie. » Puis il traçait la conduite à tenir : des concessions, le respect aussi large que possible de l'autonomie locale, se portant garant de la soumission des habitants, « lesquels n'abhorreraient pas, disait-il, la souveraineté de Votre Majesté, s'ils étaient assurés qu'ils dussent garder sous sa domination les mêmes privilèges qu'ils possèdent sous l'empire (1). »

Guillaume de Furstemberg, secrétaire de son frère, est sans

(1) Lettre de Guil. de Furstemberg, Archives affaires étrangères 1681, citée par Legrelle, Louis XIV et Strasbourg, p. 515 et 477.

doute bien renseigné quand il donne de pareilles affirmations.
Il ne parait pas en effet que la masse de la population fût
sérieusement attachée à un gouvernement oligarchique et tra-
cassier. Les lettres du résident français abondent en détails à
ce sujet. Il parle des doléances des artisans qui ne pouvaient
« avoir plus de deux garçons, afin qu'un seul ne puisse avoir
toute la besogne et tout le gain (1) » : ce qui fâchait fort les
artisans habiles. Un décret de la municipalité en date de 1673
enjoignait à tous les aubergistes et brasseurs de rapporter au
magistrat les propos tenus dans leur auberge. Une pareille
liberté ressemblait parfois à de la servitude.

L'empereur Léopold craignait de s'attirer une guerre où
seul il aurait dû supporter tout le poids des forces de la
France. Il prodiguait les bonnes paroles et les assurances de
bonne volonté, mais il ne se pressait point de passer aux actes.
Son attitude hésitante découragea ses meilleurs partisans. En
désespoir de cause, ils se retournèrent du côté de la France ;
ils cherchèrent à atténuer un malheur qu'ils ne pouvaient
éviter. L'avocat de la ville, Stœsser, désigné en 1678 par le
résident français comme un adversaire résolu de la France, en
1681 était noté comme un de ses partisans.

L'ammeister ou maire, Dominique Dietrich, était dans le
même cas. « Si je ne savais à n'en pouvoir douter, écrivait le
24 juillet 1681 l'agent français Frischman, que tous les conseil-
lers de cette ville, qui sont au nombre de cinq, se haïssent
mortellement, je croirais qu'ils eussent concerté ensemble de

(1) Frischman à Louvois, 23 juin 1678. D. G. 607.

me venir offrir leur service, puisqu'il n'y en a pas un qui ne l'ait fait depuis deux jours. »

Même en Allemagne, on ne se faisait pas illusion sur le sort réservé à Strasbourg. Des plénipotentiaires français envoyés à Ratisbonne écrivaient : « Nous avons trouvé au delà du Rhin tout le monde persuadé que si Votre Majesté voulait par des bienfaits à quelques particuliers et par des espérances générales de conservation de privilèges, il lui serait aisé *de faire désirer* par la ville de Strasbourg de ne dépendre que de Votre Majesté (1). »

Au moment même où cette lettre était écrite, Louvois prenait toutes les mesures pour forcer par une éclatante démonstration les hésitations dernières. Avec cette sûreté de calcul dont il avait déjà donné des preuves, il faisait parcourir l'Alsace par une foule de détachements qui, pris isolément, étaient peu de chose, mais qui, se trouvant réunis brusquement autour de Strasbourg, devaient composer une imposante armée de trente mille hommes, bien pourvue d'artillerie.

Dans la conduite de cette importante affaire, Louvois fit preuve de ce goût qu'il avait pour les dissimulations bizarres et parfois puériles. Lorsque, le 25 août, il prévint l'intendant d'Alsace, Lagrange, de prendre les dispositions nécessaires, il lui enjoignit tout d'abord d'envoyer deux de ses gens dans un cabaret de Lure, en Franche-Comté, pour s'aboucher avec ses propres émissaires. Un ruban bleu et jaune devait servir de signe de ralliement, une cassette être échangée contre un billet. Ce billet était l'ordre de mobilisation.

____

(1) Lettre de Harlay et Saint-Romain du 9 septembre 1681, Archives affaires étrangères, citée par Legrelle, p. 506.

On rapporte même que Louvois aurait appelé devant lui un
jeune officier coupable de quelque peccadille et lui aurait promis
le pardon, à la condition d'endosser, séance tenante, un costume
de paysan et d'aller se poster ainsi affublé sur le pont de Bâle,
pour noter scrupuleusement tout ce qu'il verrait. Au milieu du
défilé des voitures et des gens affairés, l'officier remarqua un
grand coquin culotté de jaune qui, s'approchant du garde-fou,
le frappa trois fois du bâton qu'il tenait à la main. Sa faction
finie, l'officier repartit en toute hâte pour Versailles, où il arriva
de nuit, mais où il trouva cependant le ministre qui l'attendait
avec impatience. Aussitôt qu'il entendit parler de la culotte
jaune, Louvois se serait précipité dans l'appartement du roi lui
annoncer que Strasbourg était à nous. L'homme à la culotte
n'aurait été qu'un messager inconscient des magistrats de
Strasbourg (1). Le récit est agréable et le conte piquant ; malheureusement c'est un conte ; il faudrait, pour qu'il fût vrai,
admettre la trahison des magistrats, ce que des historiens allemands, comme M. Ranke, repoussent eux-mêmes. Nous sommes
ici en présence d'un roman qui a sa conclusion classique, puisque l'aventure se termine par un mariage.

Ce qui est plus certain, c'est que Louvois prit toutes les
mesures nécessaires pour dépister les indiscrets. Quand, le
25 septembre, il partit rejoindre Montclar et ses troupes, il
avait accepté pour ce jour une partie de chasse et plusieurs
invitations à dîner. Nul ne pouvait soupçonner sa fugue. Il ne
perdit pas le temps ainsi gagné. Il fit en quatre jours et à franc

(1) Revue d'Alsace 1835. — Voir aussi Siebecker, Grands jours d'Alsace,
p. 170 et 172.

étrier la distance qui sépare Paris des bords du Rhin. Le
29 septembre, il était au quartier général de Montclar.

Le 28, l'avant-garde s'était présentée devant les murs ;
Montclar avait déclaré qu'il n'y avait qu'à se soumettre de
bonne grâce. La garde bourgeoise courut aux remparts, plus
par curiosité que par désir de se battre. Les magistrats avaient,
du reste, prudemment laissé les canons sans poudre, afin
d'éviter quelque coup de tête funeste.

Ils députèrent auprès de Louvois afin de demander du
temps pour réfléchir ; mais il se montra inflexible et exigea une
reddition immédiate.

Le résident français, Frischman, a écrit l'histoire des dernières délibérations du corps municipal de Strasbourg. Une
partie des magistrats opinait pour la capitulation immédiate,
d'autres voulaient un semblant de résistance, pour obtenir des
conditions plus favorables ; tous étaient d'accord sur le principe de la reddition. Seul un tailleur, « petit homme de 70 ans,
fut d'avis de se défendre jusqu'à la mort (1). » Tout se passa
avec le plus grand ordre. « Il est minuit, disait Frischman en
terminant sa relation, tout est si tranquille qu'on n'entend
pas le moindre bruit dans les rues. » L'entrée des Français
s'était faite à 4 heures de l'après-midi, avec le plus grand
calme. Les gens de Strasbourg étaient satisfaits des concessions que leur faisait la capitulation, surtout au point de vue
de la liberté de conscience. Les soldats étaient entrés en ville
sans aucun désordre ; l'habitant, de son côté, avait montré un

(1) L. Pilon, Strasbourg en 1681. Revue d'Alsace 1852.

Entrée de Louis XIV à Strasbourg

peu de curiosité, mais point du tout de malveillance. L'Allemagne était consternée, mais point surprise. « Tout le monde,
écrivait Montclar, dit que c'est une roue du chariot sur lequel
on doit entrer dans l'empire et que la porte de l'Alsace est
fermée présentement (1). »

Si Louvois avait ainsi pressé la reddition de Strasbourg, c'est
qu'il voulait frapper l'opinion par un véritable coup de théâtre.
Une laborieuse et secrète négociation avait obtenu du duc de
Savoie la cession de Casal en Piémont. Les troupes françaises
devaient en prendre possession le 30 septembre. Il fallait que
les deux entrées triomphales se fissent le même jour. L'effet
voulu fut produit. On convenait « que le roi était un grand
prince, et qu'il paraissait n'y avoir pas eu depuis Charles-Quint
un plus grand personnage dans le monde (2). » En France, l'enthousiasme devenait du délire. « Quel jour pour toute l'Europe
que le 30 septembre! s'écriait Boufflers; quel point de gloire
dans toute l'éternité pour le roi et pour vous! Dans le vrai, un
événement si extraordinaire servira, à l'avenir, d'exemple et de
raison à tout le monde pour se soumettre, dès les premières
semonces, à tout ce que Sa Majesté désirera (3). »

(1) Montclar à Louvois, 14 octobre 1681. D. G. 663.
(2) Catinat à Louvois, 15 octobre 1681. D. G. 565.
(3) Boufflers à Louvois, 11 octobre 1681

CHAPITRE VII.

Il semble que Louis XIV ait dû se montrer reconnaissant envers un ministre qui lui rendait de tels services; mais une condition essentielle pour obtenir et pour conserver les bonnes grâces du roi était de toujours réussir. Or, si tout le monde redoutait le roi de France, chacun en revanche le détestait. Ces sentiments d'animosité se faisaient jour surtout en Allemagne. Lorsque les Turcs étaient venus assiéger Vienne en 1683, Louis XIV avait offert ses secours, espérant reprendre son rôle brillant de 1664 et renouveler le coup d'éclat de la bataille de Saint-Gothard. Malgré sa détresse, l'Allemagne repoussa les avances du roi, priant Dieu « d'extirper le Grand Turc de devant Vienne et ailleurs, comme aussi de délivrer le pays du petit Turc français qui le saccage et qui le ruine par le fer et par le feu (1). »

Sans doute la trêve de Ratisbonne, signée en 1684, consacra les conquêtes en pleine paix dues à la politique de Louvois; mais tous ceux qui avaient été lésés prirent leurs précautions pour ne plus l'être à l'avenir. En 1686, ils signèrent à Augs-

(1) La cour de France turbanisée. — Linelle allemand, cité par C. Rousset, Louvois, t. III, p. 234.

bourg un contrat d'assurance mutuelle, par lequel ils s'engageaient à se dresser tous en armes devant la France, si son roi
sortait des limites tracées par la trêve de Ratisbonne. C'était
une coalition toute prête contre la France. Louis XIV commença à savoir mauvais gré à son ministre d'avoir ainsi
ameuté l'Europe contre lui.

Le malheur voulut que, deux ans après, cette Europe passa
de la menace aux actes. Pour une fois que Louvois eut raison,
tout le monde lui donna tort.

L'archevêché de Cologne était devenu vacant. Le prince
archevêque était en même temps un des huit électeurs de l'empire. C'était une situation enviée, dont disposait le chapitre de
la cathédrale, en vertu du concordat germanique qui laissait
aux chapitres la désignation des prélats. Louvois crut qu'il se
présentait là une occasion de récompenser royalement le
dévouement de François de Furstemberg, l'archevêque de
Strasbourg. Il conseilla au roi d'appuyer sa candidature, ce
qui fut fait; et le protégé de la France fut élu à une forte majorité, au grand dépit du candidat évincé, Clément de Bavière.

Mais Louis XIV avait trouvé le moyen de s'aliéner les sympathies même du pape par l'affaire du droit d'asile. Innocent XI
usa du droit de confirmation que lui laissait le concordat germanique; il refusa de se soumettre au choix de la majorité du
chapitre et donna à Clément de Bavière l'investiture de l'archevêché de Cologne. Louis XIV déclara que son protégé avait
le bon droit pour lui et qu'il le soutiendrait au besoin par les
armes. Il tint parole. Mais à peine le premier soldat français
eut-il mis le pied sur le territoire de Cologne que les coalisés

d'Augsbourg se virent forcés d'agir, aux termes mêmes de leur traité, et la guerre dite de la Ligue d'Augsbourg commença (1688).

L'opinion publique accusa ouvertement Louvois d'avoir fomenté et préparé cette guerre afin de soutenir son crédit, ce qui était faux ; le roi ne fut pas éloigné d'écouter cette fois la voix de l'opinion.

La France se trouva moins prête qu'on ne l'avait espéré. La *folie de Maintenon* avait dévoré l'élite de l'armée et obéré les finances. Louvois crut pourvoir à tout en faisant du Palatinat un désert où nulle armée ne pût subsister. Il couvrit ainsi la frontière du Rhin, mais il s'attira les malédictions de tout un peuple, et Louis XIV fut très mortifié de se donner ainsi des torts réels, tandis qu'on n'avait pu jusque-là ne lui en reprocher que d'imaginaires.

Le crédit de Louvois, tout-puissant en apparence vers 1686, l'était en réalité beaucoup moins que quelques années plus tôt. Il y avait à cela plusieurs motifs.

Au moment de sa plus grande faveur, il avait, sans le vouloir, mortellement offensé le roi.

C'était vers la fin de la guerre de Hollande, au siège de la petite place de Bouchain. Le roi avait déclaré que lui seul désormais commanderait les armées. Il avait effectivement pris la direction de celle qui avait pour mission de couvrir les opérations du siège. Louvois l'avait laissé faire, car il n'y avait point apparence que ces opérations fussent troublées : mais voici que tout à coup l'on apprend que Guillaume d'Orange était sous Valenciennes avec une armée qu'il avait habilement dissimulée jusque-là. Le roi se porta en un lieu bien choisi, c'était la Cense Heurtebise. De là, il put voir l'armée ennemie qui s'était arrêtée à quelque distance de la position choisie par lui.

Fallait-il attaquer l'audacieux qui bravait ainsi le roi en personne ? Le conseil de guerre fut réuni. Louvois, qui était présent, parla le premier et, avec beaucoup d'emportement, soutint que le rôle de l'armée se bornait à couvrir le siège et par conséquent à se défendre sans attaquer. Le but proposé serait atteint, si l'ennemi se retirait sans combattre. Son opinion entraîna celle des autres qui, à l'exception du comte de Lorge, se prononcèrent tous pour une prudente défensive, ne voulant point compromettre la personne et la renommée du roi au hasard d'une bataille. Louis XIV s'inclina devant cette décision, mais à regret. Il voulut au moins sauver les apparences ; il défendit de lever sur le front de son armée des ouvrages en terre destinés à se couvrir contre une attaque possible de l'ennemi. Peut-être espérait-il être attaqué, mais il n'en fut rien. Guillaume, reconnaissant son infériorité, battit prudemment en retraite. Le roi se donna la satisfaction de coucher sur ce champ de bataille manqué. Par excès de prudence, il n'avait pas moins perdu l'occasion d'écraser presque à coup sûr et en personne le plus renommé de ses adversaires et celui qu'il détestait le plus. Son dépit, bien que dissimulé, fut très grand.

Il le fut bien plus lorsque, l'année suivante, dans des conditions absolument identiques, son frère, Gaston d'Orléans, eut battu le prince d'Orange près de Cassel (1677). De Lorge reçut le bâton de maréchal pour avoir donné un bon conseil qui n'avait pas été suivi. Louvois sentit le terrain se dérober sous ses pas; mais il était nécessaire et il sut mettre tant de souplesse et de déférence dans ses rapports avec le roi pendant les premiers temps qui suivirent, que tout parut oublié ; ce n'était qu'une apparence.

Louis XIV conserva toujours au fond du cœur un amer ressentiment; huit ans après la mort de Louvois, il n'était pas encore apaisé. C'était à Marly. « On vint à parler, dit Dangeau, du jour où il campa près de Valenciennes; il nous dit tout bas que c'était le jour où il avait fait le plus de fautes ; qu'il n'y pensait jamais sans une extrême douleur, qu'il y rêvait quelquefois la nuit et se réveillait toujours en colère, parce qu'il avait manqué une occasion sûre de défaire ses ennemis ; il en rejeta la principale faute sur un homme qu'il nous nomma, et ajouta même que c'était un homme insupportable en ces occasions-là comme partout ailleurs (1). »

Voilà les véritables sentiments de Louis XIV à l'égard de Louvois; mais il sut les dissimuler, et Louvois s'y trompa comme tout le monde.

Aussi, quand mourut Colbert, Louvois se crut débarrassé, sinon d'un rival, au moins d'un censeur fâcheux et importun. Il ne vit pas que cette mort était un coup sensible porté à son propre crédit. « La présence de Colbert avait pour Louvois cet avantage qu'elle divisait l'attention de Louis XIV. Entre Louvois tout-puissant et Colbert affaibli il se croyait toujours le souverain maitre ; même en décidant toujours pour Louvois contre

____

(1) Dangeau, Journal, 16 avril 1699.

Colbert, il décidait : il ne sentait pas, il ne soupçonnait pas sa dépendance. Du jour où Louvois demeurant seul en face de Louis XIV, il n'y eut plus d'autre avis que celui de Louvois, le roi voulut avoir le sien propre, et les discussions commencèrent (1). »

Pour mieux dire, Louis XIV prit parti contre son propre ministre. Jadis il avait écouté les suggestions de Colbert contre Fouquet trop puissant, puis il écouta celles de Louvois contre Colbert; désormais il subira l'influence de Mme de Maintenon.

Cette dernière n'aimait pas Louvois. Elle avait de bonnes raisons pour cela. S'il faut en croire l'abbé de Choisy, lorsqu'en 1684 Louis XIV résolut d'épouser madame de Maintenon, il en parla à Louvois : « Ah! Sire, s'écria-t-il, Votre Majesté songe-t-elle bien à ce qu'elle me dit? le plus grand roi du monde, couvert de gloire, épouser la veuve Scarron! Voulez-vous vous déshonorer? » Il se jeta aux pieds du roi, fondant en larmes : « Pardonnez-moi, Sire, lui dit-il, la liberté que je prends ; ôtez-moi toutes mes charges, mettez-moi dans une prison, je ne verrai point une pareille indignité. » Le roi lui disait : « Levez-vous, êtes-vous fou? »

La scène paraît bien un peu forcée et arrangée. Cette supplication pathétique de Louvois paraît peu conforme à son caractère et à celui du roi; mais, si les détails paraissent manifestement faux, le fond est très probablement vrai. Louvois avait eu des complaisances pour madame de Maintenon , qu'un caprice du roi pouvait replonger dans le néant. Il avait tout à

(1) Camille Rousset, Louvois, t. III, p. 362.

craindre pour son influence exclusive, si madame de Maintenon devenait épouse légitime : c'était sa propre cause qu'il défendait, en prenant aussi chaleureusement les intérêts du roi. S'il réussissait à empêcher le roi d'accomplir ce que tout le monde devait regarder comme une folie, quel accroissement d'influence ne devait-il pas attendre ? Dans le cas contraire, le loyalisme du sujet ne devait-il pas faire oublier le manque de clairvoyance du courtisan ?

Malheureusement le roi eut la langue trop longue. Le lendemain de cet entretien, Louvois « crut voir, à l'air embarrassé et cérémonieux de madame de Maintenon, que le roi avait eu la faiblesse de lui conter tout (1). » Il s'était fait une mortelle ennemie.

Il le comprit, et cela même lui fit commettre des fautes. Il voulut se raidir et manqua cette fois de souplesse. Son humeur devint acariâtre, il connut à son tour les déboires qui avaient attristé les dernières années de Colbert. La présence de madame de Maintenon aux délibérations du conseil, auquel elle assistait silencieuse, le mettait souvent hors de lui. « Ma présence gêne Monsieur de Louvois », écrit-elle le 29 octobre 1688.

. « Comme ce ministre avait maltraité tout le monde, dès que l'on put soupçonner que sa faveur baissait, tout le monde l'attaqua (2). » On conçoit dès lors cette accusation d'avoir poussé à la guerre pour maintenir son crédit ébranlé, on comprend aussi la disposition du roi à accepter trop facilement ces bruits malveillants.

(1) Choisy, Mémoires, t. II, p. 93.
(2) Marquis de La Fare, Mémoires, p. 245.

Les incidents fâcheux se multiplient entre le roi et son ministre. Un jour, c'est Louvois qui s'emporte « jusqu'à jeter ses papiers sur la table du conseil, disant qu'il ne voulait plus se mêler des affaires (1). » Une autre fois, c'est le roi qui est pris d'un véritable accès de fureur. Non content de la ruine du Palatinat, Louvois avait décidé la destruction totale de Trèves. Il en parla à Louis XIV, qui rejeta bien loin cette proposition; mais laissons parler Saint-Simon : « Au conseil suivant, Louvois lui dit qu'il avait bien senti que le scrupule était la seule raison qui l'eût retenu de consentir à une chose aussi nécessaire à son service que l'était le brûlement de Trèves; qu'il croyait lui en rendre un essentiel de l'en délivrer en s'en chargeant lui-même; et que, pour cela, sans lui en avoir voulu reparler, il avait dépêché un courrier avec l'ordre de brûler Trèves à son arrivée. Le roi fut à l'instant et contre son naturel si transporté de colère, qu'il se jeta sur les pincettes de la cheminée et en allait charger Louvois, sans madame de Maintenon, qui se jeta aussitôt entre deux en s'écriant : « Ah! Sire, qu'allez-vous faire? » et lui ôta les pincettes des mains. Louvois, cependant, gagnait la porte. Le roi cria après lui pour le rappeler et lui dit, les yeux étincelants : « Dépêchez un courrier tout à cette heure avec un contre-ordre, et qu'il arrive à temps, et sachez que votre tête en répond, si on brûle une seule maison (2). »

Tout s'arrangea pourtant. « Le seul besoin que le roi croyait avoir de cet homme le soutenait (3) », dit haineusement le mar-

____

(1) Marquis de La Fare, Mémoires, p. 248.
(2) Saint-Simon, Mémoires.
(3) Mémoires, p. 248.

quis de La Fare. Louvois conserva la haute direction des affaires.

La guerre lui offrait l'occasion de raffermir son crédit par d'éclatants services. Une merveille de tactique militaire fut l'investissement de l'importante place de Mons en 1691. Personne ne s'attendait à cela, tant le secret avait été bien gardé et la manœuvre savamment conduite. Le gouverneur de la place ne croyait pas au siège, quand déjà il était commencé. Il assemblait les bourgeois pour leur déclarer « que ce n'était qu'une feinte, et que, le lendemain, il n'y aurait plus personne, et qu'assurément les Français n'étaient pas en état d'assiéger Mons. » Les Espagnols, qui ne s'attendaient pas à être attaqués de ce côté, n'avaient laissé dans la place qu'une garnison insuffisante ; même « la plupart des officiers des troupes de Hollande et de Brandebourg étaient allés à la Haye faire leur cour à leurs maitres (1) ». Pourtant l'armée si habilement dissimulée par Louvois ne comptait pas moins de « quarante-cinq mille hommes de pied et trente mille chevaux (2) ». Le roi en personne prit la direction des opérations. Il est vrai qu'il avait Vauban pour ingénieur, Luxembourg pour lieutenant, Louvois pour conseil.

La chute de Mons ne faisait de doute pour personne, et de fait on ne perdit devant la place qu'une centaine d'hommes tués et quatre cent cinquante blessés. Mais ce que le roi espérait, c'était de prendre sa revanche de l'affaire d'Heurtebise. Il comptait bien que Guillaume d'Orange volerait au secours de la

(1) Louvois à Pontchartrain, 17 mars 1691.
(2) Louvois à son frère, 17 mars 1691.

place et se ferait battre ; mais le nouveau roi d'Angleterre était trop fin pour commettre une pareille faute. Les gens du métier étaient fort rassurés contre une pareille éventualité. Vauban estimait que prêter un pareil projet au prince d'Orange était « lui faire plus de tort que de prendre Bréda (1) ».

Pourtant le bruit courut un instant que les Hollandais s'approchaient. Louis XIV sembla perdre la tête. A force de vouloir mettre toutes les chances de son côté pour combattre un ennemi problématique, il se rendit quelque peu ridicule. « Il avait sous la main des troupes à n'en savoir que faire, et cependant il croyait n'en avoir pas assez ; il en faisait venir encore dix-huit bataillons le 1er avril, et peu de jours après cent quarante escadrons. Il en avait tant qu'elles se gênaient les unes les autres, et qu'en cas d'attaque elles n'auraient pas eu de place pour se mouvoir (2). »

Guillaume d'Orange ne vint point, ce qui mit le roi de fort méchante humeur. Il rendit Louvois responsable de sa déconvenue et, n'osant avouer hautement le sujet de son mécontentement, lui chercha chicane sur des misères. Il s'avisa de remarquer tout à coup que son ministre favorisait trop les empiètements des officiers d'administration sur les militaires de profession. « Il fut un peu en colère contre M. de Louvois de l'opiniâtreté avec laquelle il avait voulu que les commissaires des guerres marquassent le camp de la cavalerie, qu'on fit entrer dans les lignes ces jours passés. Ce soin regardait naturellement le maréchal des logis de la cavalerie, et le roi voulait

(1) Vauban à Louvois, 20 avril 1691. D. G. 105.
(2) C. Rousset, Louvois, t. IV, p. 465.

que cela se fit dans les formes ordinaires (1). » Un autre jour,
« le roi, qui se piquait de savoir mieux que personne jusqu'aux
moindres choses militaires, se promenant autour de son camp,
trouva une garde ordinaire de cavalerie mal placée, et lui-même
la replaça autrement. Se promenant encore le même jour,
l'après-dînée, le hasard fit qu'il repassa devant cette même
garde qu'il trouva placée ailleurs. Il en fut surpris et choqué.
Il demanda au capitaine qui l'avait mis où il le voyait, qui répondit que c'était Louvois qui avait passé par là. » — « Mais, reprit
le roi, ne lui avez-vous pas dit que c'était moi qui vous avais
placé? » — « Oui, Sire, » répondit le capitaine. Le roi piqué se
tourne vers sa suite et dit : « N'est-ce pas là le métier de
Louvois? il se croit un grand homme de guerre et savoir tout. »
Et tout de suite replaça le capitaine avec sa garde où il l'avait
mis le matin (2). »

Aussi, lorsque Mons eut capitulé le 8 avril, il y eut des
récompenses pour tout le monde, excepté pour Louvois. Ainsi
cette entreprise tournait au détriment de celui qui en avait été
l'inspirateur et qui en avait assuré l'éclatant succès.

Louvois fut profondément blessé de tant d'ingratitude et
d'injustice. Il ne se faisait plus d'illusion sur le sort qui lui
était réservé. En parlant du roi, il disait à un de ses amis : « Je
ne sais s'il se contentera de m'ôter mes charges ou s'il me
mettra dans une prison, tout m'est assez indifférent quand je
ne serai plus le maitre. » Comme l'ami essayait de le réconfor-
ter en le faisant souvenir que depuis dix ans il avait dit vingt

(1) Dangeau, Journal, 11 avril 1691.
(2) Saint-Simon, Mémoires.

fois la même chose: « Tout est changé, répondit-il; nous avons eu cent fois des disputes fort aigres, je sortais de son cabinet et le laissais fort en colère, et le lendemain, quand il fallait travailler, il reprenait son air gracieux. Or, depuis quinze jours, il a toujours le front ridé ; il a pris son parti contre moi (1). »

Louvois s'était toujours surmené ; après le prodigieux effort de Mons, il aurait eu besoin de calme et de repos ; mais la guerre qui se continuait ne lui laissait aucun loisir. Joignez à cela ses inquiétudes sur sa propre situation, et il paraîtra peu surprenant de le voir tomber gravement malade. « Il était brûlé de fièvre (2). » Il avait des absences, de véritables hallucinations. « La maréchale de Rochefort, qui était demeurée son amie intime, étant allée avec madame de Blansac, sa fille, dîner avec lui à Meudon, il les mena à la promenade. Ils n'étaient qu'eux trois dans une petite calèche légère qu'il menait. Elles l'entendirent se parler à lui-même, rêvant profondément, et se dire à diverses reprises : « Le fera-t-il, le lui fera-t-on faire ? non... mais cependant... non, il n'oserait. » Pendant ce monologue, il allait toujours, et la mère et la fille se taisaient et se poussaient, quand tout à coup la maréchale vit les chevaux sur le dernier rebord d'une pièce d'eau et n'eut que le temps de se jeter en avant sur les mains de Louvois pour arrêter les rênes, croyant qu'il les menait noyer. Au cri et à ce mouvement, Louvois se réveilla, recula quelques pas, disant qu'en effet il rêvait et ne pensait pas à la voiture (3). » Saint-

(1) Choisy, Mémoires, t. II, p. 94 et 59.
(2) C. Rousset, Louvois, t. IV, p. 471.
(3) Saint-Simon, Mémoires,

Simon, qui nous a transmis ce dramatique récit, le tenait des deux compagnes de Louvois.

On voit combien la santé du malheureux Louvois était profondément ébranlée. Le 15 juillet 1691, il eut, chez madame de Maintenon, une nouvelle et très vive altercation avec le roi ; madame de Maintenon fit sa paix, et il revint le lendemain ; mais son tempérament emporté ne pouvait résister à tant de secousses, et il était mortellement atteint quand il entra dans le cabinet du roi. « Sur les quatre heures, le roi s'aperçut que M. de Louvois se trouvait mal. Il le renvoya chez lui. En y arrivant, il se sentit plus pressé, il se fit saigner ; son oppression augmentant toujours, il se voulut faire saigner de l'autre bras et envoya chercher son fils, et mourut un instant après (1). »

. Dans une lettre à Tessé, le marquis de Barbezieux confirme ce récit de Dangeau. Il dit en parlant de son père : « Il mourut lundi plus subitement que l'on ne peut se l'imaginer. Il s'était plaint, un demi-quart ¡d'heure auparavant, d'avoir quelque chose dans l'estomac qui l'étouffait. L'on le saigna du côté gauche, et se sentant soulagé par cette saignée, il demanda qu'on en fît autant de l'autre bras. Son médecin lui refusa par l'extrême faiblesse où il était. Il demanda qu'on m'allât quérir... M. Fagon (2), pour qui il avait beaucoup de considération, sur les entrefaites, entra dans sa chambre. Il commença à lui conter ce qui lui faisait mal ; mais, un moment après, il dit qu'il étouffait. Il me demanda encore avec empressement et dit qu'il

____

(1) Dangeau, Journal, 16 juillet 1691.
(2) Fagon était le médecin du roi.

se mourait. Après ces dernières paroles, la tête lui tomba sur les épaules, ce qui fut le dernier moment de sa vie. J'arrivai comme la tête lui tombait, et voyant tout le monde désolé, et ne pouvant croire ce que le triste visage d'un chacun m'apprenait, je me jetai à lui ; mais il était insensible à mes caresses, et c'en était déjà fait (1). »

Cette mort si subite frappa tout le monde. Madame de Sévigné a résumé admirablement l'impression générale : « Le voilà donc mort, ce grand ministre, cet homme considérable, qui tenait une si grande place... Que d'affaires, que de desseins, que de projets, que de secrets, que d'intérêts à démêler, que de guerres commencées, que d'intrigues, que de beaux coups d'échec à faire et à conduire ! Ah ! mon Dieu, donnez-moi un peu de temps ; je voudrais bien donner un échec au duc de Savoie, un mat au prince d'Orange. Non, non, vous n'aurez pas un seul, un seul moment (2). »

L'imagination se monta. On voulut expliquer cet accident par des causes mystérieuses. On parla de crime. Dangeau le dit en termes formels : « Une mort si prompte fait soupçonner qu'il y aurait du poison » (3). La famille de Louvois partagea la croyance commune. « L'on l'a ouvert le lendemain, dit Barbezieux dans la lettre déjà citée, et quoiqu'il n'y ait point d'indice assez positif pour assurer qu'il ait été empoisonné, il n'y a cependant presque pas lieu d'en douter. »

Laissez venir Saint-Simon, avec son talent de sombre colo-

(1) Citée par C. Rousset, Louvois, t. IV, p. 498.
(2) Lettre à M. de Coulanges du 26 juillet 1691.
(3) Dangeau, Journal, 16 juillet 1691.

riste, et il va vous reconstituer tout le drame. « Louvois était grand buveur d'eau et en avait toujours un pot sur la cheminée de son cabinet, à même duquel il buvait. On sut qu'il en avait bu ainsi en sortant pour aller travailler avec le roi, et qu'entre sa sortie de diner avec bien du monde et son entrée dans son cabinet pour prendre les papiers qu'il voulait porter à son travail avec le roi, un frotteur était entré dans ce cabinet et y était resté quelques moments seul. Il fut arrêté et mis en prison ; mais à peine y eut-il demeuré quatre jours et la procédure commencée, qu'il fut élargi par ordre du roi, ce qui avait déjà été fait jeté au feu, et défense de faire aucune recherche. Il devint même dangereux de parler là-dessus, et la famille de Louvois étouffa tous ces bruits de manière à ne laisser aucun doute que l'ordre très précis n'en eût été donné (1). »

Autant dire en toutes lettres que le coupable, c'est le roi. L'accusation n'est rien moins que prouvée. On possède le rapport des médecins qui procédèrent à l'autopsie (2), et tout permet de conclure à un cas d'apoplexie foudroyante, que justifient amplement le délabrement de la santé et les tortures morales de Louvois.

Ce qui est hors de doute, c'est que le roi fut enchanté d'être ainsi débarrassé de son ministre.

Il crut pourtant convenable de ne point se réjouir ouvertement. Il devait ce jour-là aller à Saint-Cloud, il n'y fut point. Mais ce fut la seule marque de deuil qu'il donna (3).

(1) Saint-Simon, Mémoires, t. XIII.
(2) Journal de Dangeau, inséré à la fin du 3e volume.
(3) Dangeau, Journal, 16 juillet 1691.

Saint-Simon, qui n'avait encore que quinze ans, fut témoin de ce qui se passa le lendemain et en fut extraordinairement frappé. « Il me parut, dit-il avec sa majesté accoutumée, mais je ne sais quoi de leste et de délivré qui me surprit assez pour en parler après, d'autant plus que j'ignorais alors et longtemps après les choses que je viens d'écrire... Jamais le nom de Louvois ne fut prononcé, ni pas un mot de cette mort si surprenante et si soudaine, qu'à l'arrivée d'un officier que le roi d'Angleterre (1) envoya de Saint-Germain, qui vint trouver le roi sur cette terrasse (celle de l'Orangerie) et qui lui fit de sa part un compliment sur la perte qu'il venait de faire. « Monsieur, lui répondit le roi d'un air et d'un ton plus que dégagés, faites mes compliments au roi et à la reine d'Angleterre, et dites-leur de ma part que mes affaires et les leurs n'en iront pas moins bien (2). » L'officier fit une révérence et se retira, l'étonnement peint sur tout le visage et dans son maintien. Cette mort arriva bien juste pour sauver un grand éclat. Louvois était, quand il mourut, tellement perdu qu'il devait être arrêté et conduit à la Bastille. Quelles en eussent été les suites ? C'est ce que la mort a scellé dans les ténèbres, mais le fait de cette résolution prise et arrêtée par le roi est certain ; je l'ai su depuis par des gens bien informés ; mais, ce qui demeure sans réplique, c'est que le roi même l'a dit à Chamillart, lequel me l'a conté. Or, voilà ce qui explique, je pense, ce désinvolte du roi le jour de la mort de ce ministre, qui se trouvait soulagé de

(1) Jacques II, chassé du trône en 1688 par son gendre Guillaume d'Orange, l'implacable adversaire de Louis XIV.

(2) Le fait est absolument confirmé par Dangeau, Journal, 17 juillet 1691.

l'exécution résolue pour le lendemain et de toutes ses importunes suites (1). »

Ainsi le sort de Fouquet était réservé à Louvois ; mais, selon l'énergique expression de Choisy, « la mort finit tout » ; et il ajoute : « Le roi, avec une bonne foi sans exemple, ne cacha point la joie qu'il en eut. Il soupait à Marly avec des dames ; le comte de Marsan était derrière Madame et parlait des grandes choses que le roi avait faites au siège de Mons. « Il est vrai, dit le roi, que cette année-là me fut heureuse : je fus défait de trois hommes que je ne pouvais plus souffrir, M. de Louvois, Seignelay et la Feuillade (2). »

Louis XIV devait apprendre plus tard, à ses dépens, qu'on n'improvise pas de pareils ministres. La masse du public ne s'y méprit point. On détestait Louvois de son vivant, on le regretta presque après sa mort, témoin cette épitaphe anonyme rapportée par Camille Rousset (3) :

> Ici gît sous qui tout pliait
> Et qui de tout avait connaissance parfaite,
> Louvois, que personne n'aimait,
> Et que tout le monde regrette.

Ses pires ennemis ne purent faire autrement que de s'incliner devant son cercueil. C'est le marquis de La Fare qui écrit : « Il aurait fallu ou qu'il ne fût point né ou qu'il eût vécu plus longtemps ; parce que s'il ne fût point né, il n'aurait pas

(1) Saint-Simon, Mémoires, t. XIII.
(2) Choisy, Mémoires, t. II, p. 96.
(3) Louvois, t. IV, p. 502.

engagé l'État dans la guerre et dans les dépenses qui l'ont ruiné ; et s'il eût vécu jusqu'en ce temps-ci (1716), il avait des talents propres à soutenir le poids des affaires (1). »

Il n'y a point lieu d'être surpris de ce revirement d'opinion ; c'est qu'en effet toutes les clameurs poussées contre Louvois ne sont pas également de bon aloi. Sans doute, il y a les cris de douleur des Huguenots déportés, les lamentations des provinces dévastées, les imprécations des peuples opprimés ; mais, à côté, il y a également les calomnies des intrigants démasqués, les fureurs des grands seigneurs froissés, les colères des fripons pourchassés. On comprit que, s'il avait vécu, bien des calamités auraient été épargnées à la nation. La postérité a retenu surtout une chose, c'est que Michel Letellier, marquis de Louvois, a donné à l'armée une si forte organisation et à notre frontière une si forte barrière qu'au demeurant la fureur de nos ennemis demeura impuissante lors de la guerre de succession d'Espagne. Ce fut avec cette armée de Louvois à peine modifiée que la République remporta ses premières victoires ; ce fut cette frontière qui arrêta l'effort des coalisés en 1793 ! La France a oublié les faiblesses de l'homme pour ne plus se souvenir que des services du ministre !

(1) Mémoires, p. 249.

VAUBAN

CHAPITRE PREMIER.

LES DÉBUTS DE VAUBAN.

« La véritable gloire ne vole pas comme le papillon, elle ne
s'acquiert que par des actions réelles et solides. Elle veut toujours
remplir ses devoirs à la lettre. Son premier et véritable principe
est la vérité, à laquelle elle est très particulièrement dévouée.
Elle est toute généreuse, prudente, hardie dans ses entreprises,
ferme dans ses résolutions, intrépide dans les actions péril
leuses, charitable, désintéressée, toujours prête à pardonner et
à prendre le parti de la justice… Elle a de la religion, elle est
humble et modeste en tout ce qu'elle fait, et ne peut pas même
soutenir une louange en face.

« La fausse gloire n'est que la simple apparence de ces
qualités. Dans la pratique, elle lui est toujours opposée. C'est
la véritable corneille d'Esope qui se pare des plumes d'autrui.
C'est cependant la seule qui soit d'usage dans le monde. L'autre
ferait de véritables héros, mais coûterait trop (1). »

Voilà, certes, une belle page écrite dans la pure langue du
XVIIe siècle, et au bas de laquelle on serait tenté de mettre le
nom de La Bruyère ; en quoi on se tromperait : elle est due à la

(1) Fragment inédit publié par le commandant de Roches, au Journal des
économistes, mai-juin 1882, et en revue géographique, juin 1884.

plume d'un homme vanté comme brillant ingénieur ou profond économiste, et non pas comme grand écrivain ; cet homme, c'est Vauban.

Et pourtant peu d'auteurs furent plus féconds. Outre les ouvrages spéciaux sur la fortification, comme son traité sur l'attaque des places publié par le colonel Augoyat en 1829, et un autre sur leur défense, publié la même année par le baron de Valazé, outre de nombreux et importants mémoires sur des questions techniques, telles que l'organisation d'un corps sérieux de l'artillerie et du génie, il a laissé un nombre prodigieux d'écrits de tout genre sur les sujets les plus divers. Sa vie errante lui fournit « l'occasion de voir et visiter plusieurs fois et de plusieurs façons la plus grande partie des provinces (1). » Il consignait scrupuleusement ses observations sous forme de notes qu'il appelait « *mes oisivetés* ». Une partie de ces précieux manuscrits a malheureusement été égarée. Ce qui reste, publié en 1834 par les soins de M. Corréard, ne remplit pas moins de 4 volumes in-folio. Effrayé de l'état de misère où se trouvait la France dès le début de la guerre de la succession d'Espagne, il en rechercha les causes et crut en trouver le remède, qu'il indiqua dans un beau livre intitulé *la Dîme royale :* il se plaçait ainsi au premier rang des précurseurs de *l'économie politique.*

Cette activité prodigieuse se manifeste sans interruption et dans tous les sens. C'est ainsi qu'à côté de l'ingénieur militaire nous trouvons chez Vauban un organisateur de premier ordre,

______

(1) Dîme royale, préface.

un remarquable ingénieur civil, un géographe conscencieux, un
économiste destiné à faire école avec des élèves comme Quesnay
et Turgot. Mais, avant de l'étudier sous ces aspects si divers,
il convient de voir ce qu'était l'homme et de saluer en lui un
des caractères les plus droits et les plus honnêtes du siècle de
Louis XIV, un défenseur du droit opprimé, alors que la vérité
n'était pas bonne à dire.

« La fortune m'a fait naître le plus pauvre gentilhomme de
France (1) », disait en parlant de lui-même celui qui devint
l'ami intime du puissant ministre Louvois. En effet, la famille
des Leprestre, au commencement du xviiᵉ siècle, faisait pauvre figure dans le Nivernais. On la voit, dans le courant du
xviᵉ siècle, posséder la petite seigneurie de Vauban, dans la
paroisse de Bazoches du Morvan Nivernais ; mais c'était là un
état de splendeur relative dont elle était bien déchue (2). Jacques
Leprestre avait eu quatre fils qui s'étaient partagé et avaient
bientôt dissipé ou engagé le modeste héritage paternel. Le second
d'entre eux, Albin Leprestre, épousa une roturière : Edmée
Corminolt, ainsi que le témoigne l'acte de baptême de Vauban.
Ce fut plus tard que les généalogistes transformèrent ce
modeste ménage en celui d'*Urbain* Leprestre et de *dame Aimée
de Cormignolles*. N'ont-ils pas décidé également que le fils du
bon marchand drapier de Reims à l'enseigne du Long Vêtu descendait du « preux chevalier Richard Colbert, dit le Ecossois? »

(1) Lettre à Louvois du 15 septembre 1671. — Camille Rousset, Louvois,
t. I, p. 317.

(2) Pour toute cette enfance de Vauban, voir un très intéressant article de
M. Camille Rousset dans la *Revue des Deux-Mondes*, année 1864.

On montre encore de nos jours à Saint-Léger-de-Foucheret, petit village de l'arrondissement d'Avallon, dans le département de l'Yonne, la maison où naquit Vauban. Certes, elle ne suppose pas une bien grande opulence, composée, comme elle est, d'une seule chambre, d'une grange et d'une écurie. C'est une maison de paysan. Sous ce toit de chaume naquit, le 15 mai 1633, un enfant qui fut baptisé Sébastien, et qui devait s'appeler un jour le maréchal de Vauban.

Rien ne pouvait lui faire présager de si brillantes destinées. A 10 ans il était orphelin et sans ressources. Heureusement le curé du village le recueillit, et voilà le jeune Sébastien soignant le cheval du bon prêtre, bêchant son jardin, parfois même aidant à la cuisine. Le pupille se transformait ainsi en domestique pour reconnaitre une hospitalité offerte de bon cœur : le curé, en retour, se faisait précepteur et enseignait au jeune homme la lecture, l'écriture, un peu d'arithmétique, quelques notions pratiques d'arpentage. L'élève devait bientôt dépasser son maitre.

Jamais Sébastien Leprestre n'oublia ces premières années de sa vie. Devenu riche et illustre, dans ses rares moments de loisir, il aimait à revenir au village ; il montrait à la compagnie la maison où il était né, s'entretenait familièrement avec d'anciens compagnons de son enfance, rappelait à une vieille femme qu'elle avait souvent partagé son *époigne* (1) avec lui, lorsqu'il était enfant, et lui laissait en souvenir une bourse pleine d'or (2).

A 17 ans, il éprouve le besoin de tenter la fortune : il quitte

(1) Sorte de galette.
(2) Voir de Chambray, Mélanges, t. V, p. 35.

Vauban.

le pays, traverse à pied la Bourgogne et la Champagne, arrive à la frontière des Pays-Bas, y retrouve un ami de son père, M. d'Arcenay, capitaine au régiment de Condé. Le jeune homme avait bonne mine, il fut reçu à bras ouverts et enrôlé parmi les fantassins.

Il ne faudrait pas croire que Sébastien Leprestre se fût ainsi engagé avec la perspective de devenir quelque jour sergent ou anspessade, il espérait mieux que cela : il était de petite noblesse, mais enfin il était noble. Cela suffisait pour lui permettre d'arriver au grade d'officier. Il n'était pas rare, à cette époque, de voir les jeunes gens de famille servir comme simples soldats sous le nom de *cadets*. C'était une espèce de stage que Louvois régularisa plus tard et qu'il rendit obligatoire (1). C'est donc comme cadet que nous trouvons Vauban au régiment de Condé ; c'est même à ce propos qu'il reprit le nom seigneurial de sa famille, nom qu'il ne devait plus quitter désormais.

Mais le mérite seul donnait rarement accès aux grades. Un capitaine pouvait donner une lieutenance dans sa compagnie ; un colonel, une compagnie dans son régiment ; c'était, au demeurant, une libéralité assez rare. Capitaine et colonel avaient payé leur charge à beaux deniers comptants ; ils préféraient vendre, à leur tour, les charges dont ils disposaient et rentrer ainsi dans leurs fonds. Il fallait donc de l'argent pour avancer, or Vauban n'en avait pas.

Il se rejeta sur une situation intermédiaire. Il n'y avait pas alors d'école polytechnique pour former les officiers du

(1) Voir Louvois, p. 133.

génie : ce corps n'était même pas régulièrement constitué. Pour l'attaque des places, les soldats d'infanterie et aussi des paysans réquisitionnés aux alentours faisaient, tant bien que mal, le service de tranchée. S'agissait-il d'élever quelque citadelle nouvelle : c'était encore le paysan qui, malgré lui, remuait la terre et faisait le gros ouvrage. On usait de toutes sortes de procédés violents pour l'empêcher de s'enfuir. Lors de la construction de la citadelle de Lille, Vauban lui-même avait toujours sous la main deux gardes à cheval « des plus honnêtes gens », avec « un ordre en poche et un nerf de bœuf à la main », afin d'aller chercher les déserteurs « au fond de leur village » et de les ramener « par les oreilles sur l'ouvrage (1) ».

Les officiers étaient remplacés par un corps d'*ingénieurs*, mais ce corps n'offrait aucune garantie. Il suffisait d'être fort brave et très entreprenant, les connaissances techniques n'étaient qu'accessoires. On se décernait à soi-même un brevet d'ingénieur, que venait confirmer plus tard un diplôme royal, quand on avait fait ses preuves. A deux vieux ingénieurs de ce genre qui se plaignaient de ne point avoir d'avancement Vauban devait répondre un jour : « Je ferai quand je voudrai cent ingénieurs comme vous par jour, car je n'ai qu'à prendre de bons grenadiers des troupes du roi, ils seront aussi savants que vous dès le premier siège ; mais il faut bien des années pour faire un ingénieur comme ceux qui vous donnent occasion de vous plaindre, qui savent projeter et construire de bonnes forteresses, et dans l'occasion les attaquer et les

(1) Lettre à Louvois du 18 juin 1669. — Camille Rousset, Louvois, t. I, p. 291.

défendre avec plus d'habileté que vous... Convenez que, pour
porter à juste titre le nom d'ingénieur habile, il faut joindre à la
bravoure bien des choses qui ne s'apprennent point dans les
salles d'armes, ni dans les ruelles, ni dans les académies de jeu,
ou de musique (1). »

Vauban ne trouva point heureusement de juges aussi sévères.
Cela lui permit de s'improviser ingénieur comme tant d'autres.
Avec son ardeur au travail et ses aptitudes particulières, il ne
devait pas tarder à se distinguer. Ce fut d'abord contre la cause
royale et dans le parti de la fronde. A l'assaut de Sainte-Menehould par les troupes du prince de Condé, il franchit l'Aisne à
la nage, sous le feu de l'ennemi, et contribue grandement à la
chute de la place ; un peu plus tard, il reçoit dans une escar-
mouche sa première blessure.

Mais Vauban avait l'esprit trop droit pour ne pas comprendre
ce qu'avait d'odieux et d'anti-français cette révolte de la fronde.
Jeune et ardent, il avait été séduit par le nom de Condé et
l'avait suivi dans son aventure. L'enthousiasme du premier
moment une fois disparu, il s'aperçut du voisinage suspect des
Espagnols et des Lorrains ; il n'attendait qu'une occasion de
retourner au parti de la France ; elle se présenta bientôt.

Un jour qu'avec trois compagnons il faisait une reconnaissance, il tomba dans une embuscade de soldats du roi : sans rien
perdre de son sang-froid, tandis que ses camarades sont pris,
lui s'engage dans un chemin creux, se retourne au bon
moment, quand ses adversaires ne peuvent se déployer, court

______

(1) Mémoires sur la fortification par Thomassin, t. I, p. 194. Thomassin fut
longtemps un des dessinateurs de Vauban.

droit sur le chef, lui met son pistolet sur la poitrine, et ne se rend qu'à la condition qu'on lui laissera ses armes et son cheval. C'est ainsi qu'il fit une entrée presque triomphale au camp du roi. L'aventure fut connue : on avait déjà entendu parler du héros de Sainte-Menehould ; Mazarin voulut le voir, le combla de bonnes paroles (il en était prodigue), et n'eut pas de peine à gagner un homme qui ne demandait qu'à l'être.

Mazarin, qui ne manquait pas d'esprit, le chargea aussitôt d'aller reprendre Sainte-Menehould sous les ordres du grand ingénieur de ce temps, le chevalier de Clerville ; puis il lui confia la réparation de cette place, quand elle fut retombée entre les mains du roi. Vauban s'en acquitta de bonne grâce, ce qui lui valut une lieutenance au régiment de Bourgogne. Il part aussitôt pour Stenai, toujours sous Clerville ; il est grièvement blessé dès le neuvième jour du siège ; à peine remis, il indique l'emplacement d'une mine, quand il est renversé par une pierre. Il avait bien gagné le grade de capitaine qui lui fut octroyé ; c'est en cette qualité qu'il servait dans l'armée de Turenne qui débloqua Arras assiégé par les Espagnols (1654).

La même année, il remplace le chevalier de Clerville malade, il dirige seul le siège de la petite place de Clermont en Argonne. Naturellement elle succombe, et en 1655 Vauban voit enfin sa situation régularisée ; il devient *ingénieur ordinaire* du roi et résigne sa compagnie de Bourgogne.

Dès lors nous le trouvons mêlé, tantôt avec Turenne, tantôt avec le maréchal de La Ferté, à tous les sièges du temps. La plupart furent malheureux, surtout celui de Valenciennes ; mais il ne faut pas perdre de vue qu'on opérait avec des troupes peu nombreuses : Turenne n'avait que 6,000 hommes à la bataille des Dunes. De plus, les ingénieurs n'avaient pas leur liberté d'action ; ils restaient dans la stricte dépendance du général en chef, qui trop souvent entravait leurs plans ; ils étaient même soumis à l'officier général commandant de tranchée. Il en résultait des froissements et des tiraillements nuisibles au succès final ; seul Vauban devait acquérir plus tard l'autorité nécessaire pour faire cesser un pareil état de choses. Il n'est donc pas responsable de ces insuccès.

Ce qui est incontestable, c'est qu'il se prodiguait outre mesure, au point de recevoir quatre blessures au seul siège de Montmédy. Aussi le maréchal de La Ferté le gratifiait de deux compagnies, l'une dans le régiment qui portait son nom, l'autre dans le régiment de Nancy qui lui appartenait également. L'usage autorisait alors de pareils cumuls. Vauban nous apprend lui-même que Mazarin « le gracieusa fort, et quoique naturellement peu libéral, lui donna une honnête gratification et le flatta de l'espoir d'une lieutenance aux gardes (1). »

La paix des Pyrénées conclue en 1659 fournit au cardinal l'occasion d'oublier sa promesse, et à Vauban des loisirs pour revenir au pays épouser sa cousine Jeanne d'Aunay. Louis XIV, devenu roi par lui-même, acquitta la dette de son ministre. En 1663, il fit présent à Vauban d'une compagnie au régiment de Picardie. C'était une faveur fort enviée, car Picardie était un *des vieux corps*, un des quatre régiments primitifs de la monarchie. Vauban y faisait d'ailleurs bonne figure, ainsi que le témoignent

(1) Abrégé des services du maréchal de Vauban, écrit de sa main, publié en 1839 par le colonel Augoyat.

ses notes de l'année 1665 : « bon ingénieur et bon officier. »

Sous l'ancien régime, les attributions des différents ministres n'étaient pas aussi nettement définies que de nos jours. C'est ainsi qu'ils se partageaient le gouvernement des différentes provinces. Colbert, contrôleur général des finances, avait ainsi sous sa dépendance une province frontière, l'Alsace, qui eût été beaucoup mieux administrée par le ministre de la guerre. Désireux d'en renforcer la fortification, il fit choix de Vauban et lui confia la mission de fortifier Brisach sur le Rhin.

Malheureusement Colbert, d'une probité au-dessus de tout reproche, favorisait sa famille outre mesure. Un de ses cousins était intendant d'Alsace. Ce dernier se laissa gagner par l'entrepreneur des travaux qui était un fripon. Lorsque Vauban se plaignit à l'intendant des lenteurs et de l'insuffisance du travail, peu s'en fallut qu'on ne l'en rendît lui-même responsable. Colbert prêta une oreille trop complaisante aux rapports de son cousin ; il éconduisit Vauban, qui n'était pas homme à souffrir un déni de justice sans se plaindre. Vauban garda toute sa vie beaucoup d'amertume contre Colbert, et il aurait compromis son avenir, si la guerre de dévolution, survenue fort à propos en 1667, ne lui avait permis de laisser là Brisach et ses fortifications.

Il accompagna Louis XIV dans cette guerre, la première de son règne personnel. Ce fut lui surtout qui en assura le succès. Partout il fut sur la brèche. Il conduisit en chef trois sièges. Le premier fut celui de Tournai, qui se rendit au bout de quatre jours. Douai ne résista pas plus longtemps, mais Vauban y reçut à la joue un coup de feu dont il porta la marque toute sa vie.

Cette blessure nécessita pour l'ingénieur un repos de quelques jours. Il fut mis en traitement chez un M. Desbaulx, professeur de droit. Dans ses loisirs forcés, Vauban sut gagner l'affection du fils de la maison et lui inspira le plan d'un ouvrage intitulé : *Lois militaires recueillies du droit romain.* En 1675, l'auteur écrivait : « Il serait superflu de parler... du coup de mousquet qui a été cause que j'ai eu le bien de vous connaître par le logement qu'on vous donna lors chez mon père (1). »

Vauban reparut au siège de Lille qu'il dirigea, laissant au roi tout l'honneur des opérations. Louis XIV lui donna enfin cette fameuse lieutenance aux gardes dont il lui fit porter le brevet par Letellier : c'est ainsi que Vauban entra en relations avec Louvois. Démêlant la mauvaise humeur de Vauban contre Colbert, Louvois ne laissa pas échapper cette occasion de ravir à un rival un précieux auxiliaire : dès lors se noua entre ces deux grands hommes une amitié qui ne devait jamais se démentir.

Le premier souci de Louvois fut de faire confier à Vauban le soin de réparer les fortifications de Lille et d'en édifier la citadelle. Ce n'était pas là une petite entreprise. Sans doute Vauban était déjà très avantageusement connu, mais enfin il était jeune dans la carrière; il avait dans le chevalier de Clerville un compétiteur d'un mérite réel, jouissant de l'avantage d'une réputation incontestée et depuis longtemps établie. Le marquis de Bellefonds, gouverneur de Lille, était tout acquis au cheva-

(1) Bibliothèque de Lille. Catalogue, Jurisprudence, n° 537.

lier. Louvois dut consentir à ce que les deux rivaux préparassent chacun leur projet. Il leur donna rendez-vous à Péronne. Clerville trouva le moyen de ne pas être exact. Dès lors il était perdu dans l'esprit du ministre, qui triompha des dernières hésitations du roi. Le 28 décembre 1667, les ouvriers se mettaient à l'ouvrage sous la direction de Vauban. Ce jour-là, sa fortune était définitivement faite ; il devenait le premier ingénieur du royaume et allait être le meilleur auxiliaire du roi dans cette guerre de sièges que le prince aimait tant.

CHAPITRE II.

LA FORTUNE DE VAUBAN.

A partir du jour où il est chargé des fortifications de Lille, Vauban est activement mêlé à toutes les guerres de son temps Le suivre dans tous les sièges qu'il conduit, ce serait refaire l'histoire militaire du règne de Louis XIV (1).

Dans la paix comme dans la guerre, il déploie une prodigieuse activité. Voici comme exemple l'emploi de son temps depuis l'année 1678 jusqu'en 1681 :

Aussitôt après le siège d'Ypres, il court à Dunkerque, y fait commencer les jetées et le curement du port, prépare et assure les manœuvres d'eau ; il visite Calais, puis il part pour le midi, reprend à Toulon les plans du chevalier de Clerville, visite le port de Cette, renforce Perpignan, améliore Port-Vendres et

(1) Il suffira de dire que, *dans la guerre de Hollande,* on le voit diriger les sièges de Rhinberg et de Nimègue en 1672 ; de Maëstricht et de Trèves en 1673 ; de Besançon en 1674 ; de Dinant, d'Huy et de Limbourg en 1675 ; de Condé, de Bouchain et d'Aire, où il est blessé, en 1676 ; de Valenciennes, de Cambrai, de Saint-Ghislain en 1677, de Gand et d'Ypres en 1678. — *Dans la guerre des Chambres de réunion,* il dirige le siège de Courtrai en 1683 et de Luxembourg en 1684. — *Dans la guerre de la Ligue d'Ausbourg,* il dirige les sièges de Philipsbourg, de Manheim, de Frankenthal en 1688, de Mons en 1690, de Namur en 1692, de Charleroi en 1693, d'Ath, où il est blessé, en 1697. — *Dans la guerre de succession d'Espagne,* il dirige le siège de Brisach en 1703.

forme l'accès des Pyrénées par la place de Montlouis. Au milieu de tous ces travaux, il trouve encore des loisirs pour être parrain d'un fils du sieur de Maisoncelle, à Calais (1).

En 1679, il élève le Risban de Dunkerque, va visiter Calais pour des travaux analogues, jette les fondements du fort de la Knoque, pour protéger les communications d'Ypres à Menin, répare Charlemont, fortifie Maubeuge.

En 1680, les places neuves de Longwy et de Sarrelouis unissent Sedan, Thionville et Bitche; Phalsbourg et Belfort achèvent de fermer les Vosges et de fixer l'Alsace à la France. Puis Vauban retourne dans le midi, propose de nouveaux ouvrages à Besançon et à Pignerol, fait construire le fort d'Hendaye, à l'embouchure de la Bidassoa.

En 1681, il élève la citadelle de Saint-Martin dans l'ile de Ré, la place de Brouage, les ports de Rochefort et de Brest avec leurs forts; il paraît devant Strasbourg au moment de la reddition, relève et complète sa défense; puis il court en Piémont à Casal, qu'il fortifie de concert avec Catinat.

Aussi le colonel Alleut écrit avec raison : « Jamais on ne vit un génie plus vaste et plus prompt... le même homme conçoit tout, anime tout, est partout. Au bord de la mer, sur les fleuves, dans les marais, au sommet des montagnes, son coup d'œil sûr et rapide embrasse le système de défense du territoire entier, saisit, démêle et fixe les rapports offensifs et défensifs du terrain, des eaux, des routes, des forteresses et des armées (2). »

(1) Registres d'état civil de la ville de Calais, à la date du 16 juin 1678.
(2) Alleut, Histoire du génie, t. I, p. 163.

Vauban surveille les travaux de Belfort.

C'était le plus souvent à la mauvaise saison, quand les travaux étaient arrêtés, qu'il courait passer quelques jours au pays; et il le demande comme une grande faveur. « A l'égard de ma destination pendant cet hyver, écrit-il à Louvois, le roi ne saurait me faire un plus grand plaisir que de me permettre d'aller passer deux mois de temps chez moi, dans ma pauvre famille, et ce d'autant plus que depuis trois ans je n'y ai été que deux fois, encore a-t-il fallu sortir 15 jours après, sans avoir eu jamais le temps d'y faire pour un sol d'affaires... La saison est peu propre pour séjourner dans un aussi mauvais pays que le mien; mais j'aime encore mieux y être dans le cœur du plus cruel hyver que de n'y point aller du tout (1). »

Fontenelle, dans l'éloge de Vauban qu'il prononça devant l'Académie des sciences, a résumé en quelques mots cette vie toute consacrée à la France : « Il a, dit-il, fait travailler à 300 places anciennes, il en a fait 33 neuves, il a conduit 53 sièges, dont 30 ont été faits sous les ordres du roi en personne ou de Monseigneur le duc de Bourgogne, et les 23 autres sous différents généraux ; il s'est trouvé à 140 actions de vigueur. »

Et que l'on n'aille pas croire qu'il se renferme sous la tente à dresser des plans, à l'abri du péril. Nul au contraire ne fut plus brave, ni même plus téméraire que Vauban ; il resta toujours l'enfant perdu de Sainte-Menehould. Il ne reçut pas moins de 10 blessures. Sa famille a longtemps conservé sa cuirasse toute marquée des coups dont elle avait amorti le choc.

Il fallait surveiller et contenir ce trop bouillant soldat, tou-

(1) Lettre à Louvois, dans un recueil manuscrit de pièces émanant de Vauban, appartenant à M. Quarré-Reybourbon, de Lille.

jours prêt à ménager les autres. En 1677, le maréchal d'Humières le demande pour diriger le siège de Saint Ghislain.
Louvois y consent, mais à la condition expresse que Vauban
ne s'exposera pas et ne conduira pas la tranchée. « Vous savez,
dit-il, le déplaisir que Sa Majesté en aurait. »

On ne sait trop comment le maréchal réussit à observer sa
consigne ; mais, ce qui est certain, c'est qu'au siège de Courtrai
en 1683, il ne put, malgré des instructions formelles, empêcher Vauban de s'aller promener par la ville, tandis que la
citadelle tenait encore et que les projectiles faisaient rage. Il
s'en excuse humblement auprès de Louvois, à qui il écrit : «J'ai
chargé le marquis d'Huxelles de ne le point quitter et de l'empêcher d'approcher de la citadelle. Nous avons pensé nous
brouiller là-dessus. Vous savez qu'on ne le gouverne pas comme
on voudrait ; et si quelqu'un méritait d'être grondé, je vous
assure que ce n'est pas moi (1). »

Il est probable que Vauban *fut grondé* ainsi que le demandait
le maréchal d'Humières ; mais il semble que ces gronderies
n'aient eu que peu de prise sur lui. Dès 1684 nous le retrouvons
au siège de Luxembourg, où le maréchal de Créqui écrit à
Louvois : « Un de mes principaux objets, c'est de ménager
M. de Vauban et de le contenir, mais je ne le fixe pas autant
qu'il serait à désirer (2). » Je le crois bien. Est-ce qu'un beau
jour, avant le lever du soleil, Vauban ne s'avise pas de s'avan
cer hors de la tranchée, suivi seulement de quelques grena-
·diers ! Bientôt même il trouve cette escorte gênante, il la fait

(1) Citée par Camille Rousset, Louvois, t. III, p. 241.
(2) Citée par Camille Rousset, Louvois, t. III, p. 254.

coucher dans un pli de terrain ; il arrive seul au pied du
glacis, il y grimpe et se met le plus tranquillement du monde
à pratiquer des sondages. Les soldats ennemis, à la lueur du
crépuscule, aperçoivent ce manège : ils ajustent l'imprudent et
s'apprêtent à tirer ; lui, leur fait signe de la main de n'en rien
faire : stupéfaits de tant d'audace, ils s'imaginent que c'est
quelqu'un des leurs qui prépare une mine contre l'assaillant,
ils abaissent leurs armes ; Vauban achève son opération, puis,
sans se presser, à petits pas, il retourne au camp, devant la
vie à ce beau sang-froid qui ne le quittait jamais.

On conçoit l'estime dans laquelle le roi devait tenir un pareil
serviteur. Il lui en donna de nombreuses marques ; toutefois
« il importe que l'on sache que de toutes les grâces qu'il a
jamais reçues, Vauban n'en a demandé aucune, à la réserve
de celles qui n'étaient pas pour lui (1). » Il reçut de nombreuses
gratifications qui le mirent à même de racheter le petit fief de
Vauban et d'acheter à Bazoches une propriété sur laquelle il
fit bâtir un château simple et commode. Malgré tout, il ne devint
pas riche. Il se rappelait ses débuts difficiles : il ne laissait
jamais échapper l'occasion de secourir un officier pauvre dont
la gêne entravait la carrière. Il appelait cela restituer ce qu'il
recevait de trop des bienfaits du roi.

Avec un pareil caractère, Vauban devait attacher du prix
surtout aux récompenses honorifiques. Ainsi Dangeau, qui
tenait jour par jour écrit de ce que faisait Louis XIV, nous apprend qu'après le siège de Mons « le roi a donné cent mille

____

(1) Fontenelle, Eloge de Vauban.

livres à Vauban et l'a prié à diner, honneur dont il a été plus touché que de l'argent (1). »

En 1688, après le siège de Philipsbourg sous les ordres du Dauphin, Louis XIV écrivait de sa main à Vauban : « Vous savez il y a longtemps ce que je pense de vous et la confiance que j'ai en votre savoir et en votre affection. Croyez que je n'oublie pas les services que vous me rendez ; et ce que vous avez fait à Philipsbourg m'est fort agréable. Si vous êtes aussi content de mon fils qu'il l'est de vous, je vous crois fort bien ensemble, car il me parait qu'il vous connaît et vous estime autant que moi. Je ne saurais finir sans vous recommander absolument de vous conserver pour le bien de mon service. » Une pareille lettre devait être une douce récompense pour celui qui la recevait, quand on songe au culte que les contemporains avaient voué à ce roi, personnification du grand siècle.

Le fils n'était pas moins prodigue de distinctions flatteuses que le père. Il faisait présent à Vauban de « quatre petites pièces de régiment » prises sur l'ennemi. Il n'y a point d'exemple de pareil don dans l'histoire du règne. Vauban en fut flatté, mais nullement surpris, ayant « aidé le roi à lui en faire gagner plus de deux mille ». Il demande à Louvois de les faire fondre pour les échanger contre quatre autres avec ses armes et une inscription attestant qu'elles lui ont été données en récompense de ses services. « Elles ne serviront, dit-il, qu'à solenniser la santé de mes bienfaiteurs et à tirer le jour du Saint Sacrement,

(1) Dangeau, Journal, 9 avril 1691.

pendant la procession. Cependant, si par hasard vous avez quelque expédition de guerre à faire en Morvan, vous les trouverez là toutes prêtes (1). »

En 1693, le roi, qui travaillait souvent avec Vauban, s'inspira de ses conseils pour la création de l'ordre militaire de Saint-Louis, si en honneur sous l'ancienne monarchie. Cet ordre était composé « du roi en qualité de grand maître, du dauphin, de 8 grands-croix, de 24 commandeurs et de tel nombre de chevaliers que le roi régnant y voudra admettre (2). » Il fallait, pour en faire partie, justifier de dix ans de services comme officier. Les chevaliers portaient sur la poitrine, attachée par un petit ruban *couleur de feu*, une croix d'or sur la quelle était gravée l'image de saint Louis, tandis qu'au revers on voyait une épée avec une couronne de laurier et cette devise : *Bellicæ virtutis præmium*, récompense du courage militaire. Les commandeurs portaient leur ruban rouge en écharpe, et les grands-croix le même ruban, également en écharpe, mais beaucoup plus large. On voit qu'il n'y a rien de nouveau sous le soleil, et que le Premier Consul n'inventa point en instituant la Légion d'honneur. Vauban fut, à juste titre, au nombre des grands-croix de la création.

Déjà brigadier général en 1674, grade auquel, avant lui, n'était parvenu aucun ingénieur, commissaire général des fortifications en 1677, il devint maréchal de France en 1703, on peut dire presque malgré lui. Il prévoyait que sa grandeur le tiendrait enchaîné au rivage, et que son nouveau grade ne lui permettrait

(1) Citée par Camille Rousset, Louvois, t. IV, p. 148.
(2) Quincy, Histoire des guerres de Louis XIV, t. II, p. 612.

pas de servir sous un simple général. Effectivement il ne parut plus qu'au siège de Brisach, en cette même année 1703. Lorsque plus tard, avec une admirable abnégation, il offrit d'aller servir devant Turin sous les ordres de son collègue la Feuillade, ce dernier répondit avec impertinence qu'il prendrait la place à la Cohorn. Cohorn était un Hollandais, émule et rival de Vauban dans les armées ennemies. On sait quel cruel châtiment reçut la folle présomption du maréchal de la Feuillade.

La haute fortune de Vauban ne fut pas sans lui susciter des ennemis et des envieux, mais sa probité et son désintéressement le mirent à même de toujours les braver la tête haute. C'est ainsi qu'en 1671 il est accusé de laisser ses subordonnés faire des tripotages. C'est d'une plume indignée qu'il écrit à Louvois : « Il est de la dernière importance d'approfondir cette affaire... Recevez, s'il vous plaît, toutes leurs plaintes, Monseigneur, et les preuves qu'ils offrent de vous donner... Ne craignez point d'abimer Montgivrault et Vollant, s'ils sont trouvés coupables. Je suis sûr qu'ils n'appréhendent rien là-dessus; mais quand cela serait, pour un de perdu, deux de recouvrés. Quant à moi, qui ne suis pas moins accusé qu'eux, et qui, peut-être, suis encore plus coupable, je vous supplie et vous conjure, Monseigneur, si vous avez quelque bonté pour moi, d'écouter tout ce que l'on pourra dire contre, et d'approfondir, afin d'en découvrir la vérité. Si je suis trouvé coupable, comme j'ai l'honneur de vous approcher plus près que les autres, et que vous m'honorez d'une confidence plus particulière, j'en mérite une bien plus sévère punition... Examinez donc hardiment et sévèrement, bas toute tendresse; car j'ose bien vous dire que, sur le fait d'une probité très exacte et d'une fidélité sincère, je ne crains ni le roi, ni vous, ni tout le genre humain ensemble. La fortune m'a fait naître le plus pauvre gentilhomme de France ; mais en récompense elle m'a honoré d'un cœur sincère, si exempt de toutes sortes de friponneries qu'il n'en peut même souffrir l'imagination sans horreur (1). » Belles paroles, au service d'un grand cœur !

On voit quelle indépendance Vauban sait conserver en face du tout-puissant ministre. Une autre fois, c'était à propos des travaux de Dunkerque, Louvois s'était permis de donner quelques conseils ressemblant à des ordres, et Vauban de répondre : « Quand je serais un innocent qui n'aurait jamais vu de fortifications ni d'attaque de places, vous ne me traiteriez pas plus mal ni avec plus de méfiance que vous faites, sur les digues à refaire le long du canal de Bergues. Tout ce que je puis vous dire, c'est *que je n'y toucherai assurément pas si vous ne parlez autrement* (2). » Louvois s'excuse. « Il faut, dit-il, que je me sois mal expliqué (3). »

On pourrait dire que l'amitié autorisait cette liberté de langage, mais cette noble franchise ne se démentit jamais, et Vauban sut la garder, même quand elle devenait dangereuse, même quand elle critiquait les actes du roi.

On a vu comment Louis XIV avait révoqué l'édit de Nantes et la part prise par Louvois à l'exécution de l'arrêt de révoca-

(1) Citée par C. Rousset, Louvois, t. I, p. 317.
(2) Vauban à Louvois, 12 juillet 1678. Lettre citée par C. Rousset, Louvois, t. III, p. 337.
(3) Loc. cit., note.

tion (1). Un seul cri de protestation se fit entendre au milieu du
concert de louanges ; ce cri, ce fut Vauban qui le poussa.

Tout d'abord il expose les conséquences désastreuses de la
mesure prise par le roi : « la désertion de cent mille Français,
la sortie de soixante millions, la ruine du commerce, les flottes
ennemies grossies de neuf mille matelots, les meilleurs du
royaume, leur armée de six cents officiers et de douze mille soldats plus aguerris que les leurs. »

Au moins, le résultat souhaité est-il obtenu? a-t-on à ce prix
conquis l'unité religieuse? Nullement. Parmi les protestants
restés en France, « il n'en est pas un seul de sincèrement converti, dit Vauban ; la contrainte n'a produit que des hypocrites
et des relaps... *Les rois sont bien maîtres des vies et des biens de
leurs sujets, mais jamais de leurs opinions* (1). »Belle parole ! Il y
avait de la hardiesse à la prononcer en pareil moment.

« Il ne faut point se flatter, poursuit Vauban, le dedans du
royaume est ruiné; tout souffre, tout pâtit, tout gémit. Si personne ne crie, c'est que le roi est craint et révéré. » Un remède
pourtant s'offre dans une situation si périlleuse. « Présentement que personne n'est en état de lui rien proposer en faveur
des religionnaires », le roi doit « prendre un parti plein de charité, utile, convenable, politique, celui de les contenter. »

« J'avoue bien, ajoute-t-il, qu'il est dur à un grand prince de
se rétracter des choses qu'il a faites; mais enfin le roi sait mieux
que personne que dans toutes les affaires de ce monde qui ont
de la suite, ce qui est bon dans un temps l'est rarement dans
l'autre, et la *prudence qui sait à propos se rétracter et céder aux*

____

(1) Voir Louvois, p. 145 et suivantes.

conjonctures est une des parties principales de l'art de gouverner. »

Le roi doit déclarer que, s'étant aperçu avec douleur du mauvais effet des conversions, « il rétablit l'édit de Nantes purement et simplement (1) ».

Vauban semblait avoir une vue prophétique de l'avenir, quand il ajoutait, trois ans après : « Le soutien des conversions forcées ne peut être d'aucune utilité au royaume, pas même *à la religion catholique*, qui n'en sera que plus négligée. La persévérance des conversions nourrit une foule d'ennemis cachés très dangereux. » On pourrait objecter que ce mémoire, dont le brouillon a été retrouvé dans les papiers de Vauban, n'a jamais été soumis au roi. Il est à remarquer pourtant qu'en 1687 on adoucit les édits, on rouvrit la France à ceux qui l'avaient quittée, on offrit de leur rendre leurs biens confisqués, toujours, il est vrai, moyennant conversion. Il y a entre ces palliatifs insuffisants et la remise au roi du mémoire de Vauban plus qu'une simple coïncidence.

Nous avons d'ailleurs, par une réfutation en forme entreprise en haut lieu, la preuve que le mémoire fut remis au roi et fit impression sur son esprit. Cette réfutation est intitulée : « Réponse de Madame de Maintenon à un mémoire touchant la manière la plus convenable de travailler à la conversion des Huguenots (2) (1697). »

Madame de Maintenon y dit en propres termes : « Je n'entreprendrai point de réfuter en détail le *mémoire qui m'a été communiqué* ». Sage prudence, car cela eût peut-être paru difficile.

(1) Vauban, Mémoire adressé à Louvois en 1686.
(2) Correspondance générale de Mme de Maintenon, t. IV, p. 198.

Ce mémoire est-il celui de Vauban ? la chose parait vraisem-blable.

En parlant de la révocation, Vauban a écrit : « Tant d'injustices recrutent des amis au prince d'Orange, au sein même du pays ». Plus loin il déclare que rétablir l'édit « sera mettre le poignard dans le sein du prince d'Orange ». N'est-ce pas à lui que s'applique ce passage de la réponse de madame de Maintenon : « L'auteur du mémoire se trompe quand il attribue la ligue des princes protestants aux mauvais traitements que les Huguenots ont soufferts » ?

Le passage suivant est encore plus significatif. On y reconnaît une allusion directe à l'énumération des maux qui ont suivi la révocation : « l'auteur dit trop aussi quand il attribue la ruine du commerce, la disette de l'argent, la diminution des manufactures et de la culture de la terre à la seule retraite de ceux qui sont sortis du royaume. Il est vrai qu'elle a fort augmenté le mal, mais il avait une source plus ancienne, etc... »

Ainsi tout permet de croire que Louis XIV a lu le mémoire de Vauban. Il fallait que ce dernier fût jugé bien indispensable pour n'être point disgracié !

Le roi était d'ailleurs habitué à cette franchise. Au siège de Cambrai, un officier avait voulu brusquer une attaque. Le roi avait approuvé cette résolution. Vauban n'avait pas hésité à donner un avis contraire. « Vous perdrez, disait-il, tel homme qui vaut mieux que le fort. » Naturellement on était passé outre, mais aussi on avait été battu. « Une autre fois je vous croirai », avait dit tristement Louis XIV.

Outré de la résistance de la place, il voulait faire toute la garnison prisonnière. Vauban proteste contre cette résolution contraire aux règles alors en usage dans le droit de la guerre. L'ennemi peut être poussé au désespoir, et, ajoute Vauban, « j'aimerais mieux avoir conservé 100 soldats à Votre Majesté que d'en avoir ôté 3,000 aux ennemis ». Mieux inspiré cette fois, le roi céda et n'eut pas lieu de s'en repentir.

Lors d'une tentative avortée des Anglais sur Saint-Malo, un bourgeois de la ville, M. Chipaudière-Magon, avança, sans intérêts, de grosses sommes qui permirent de mettre promptement la ville en état de défense. Vauban se mit en tête de lui faire conférer la noblesse. Un jour qu'il travaillait avec le roi, il lui fit part de ce beau projet. Le roi déclara la chose impossible. Aussitôt Vauban « ploya tous ses papiers et se leva sans rien dire. Le roi lui demanda où il allait ; il répondit à Sa Majesté qu'il n'était pas d'humeur de travailler, et il alla le lendemain au lever du roi qui ne lui dit rien, non plus que le jour suivant, ce dont il fut très déconcerté. Le troisième jour, le roi allant à la messe, il se présenta. Sa Majesté le tira dans une embrasure de la galerie et lui dit : Vauban, je ne suis plus fâché contre vous, je vous accorde la noblesse de votre ami (1). » Ne croirait-on pas voir Henri IV et Sully ?

Vauban n'avait pourtant pas le caractère grognon et quelque peu maussade de Sully. Il trouvait à l'occasion de véritables mots de courtisan. Au siège de Brisach, le duc de Bourgogne, sous lequel il servait, lui dit non sans malice : « Monsieur le

______

(1) Lettre de M. de Garengeau de Saint-Malo, à la date du 16 août 1739, citée par M. Roy dans son livre sur Vauban, p. 240. (Lille, imprimerie Lefort, 1840.)

Maréchal, vous allez perdre votre honneur devant cette ville :
ou nous la prendrons, et l'on dira que vous l'avez mal fortifiée,
ou nous échouerons, et l'on dira que vous m'avez mal se-
condé. » — « Monseigneur, répondit Vauban, on sait comment
j'ai fortifié Brisach, mais l'on ignore et l'on saura bientôt comment vous prenez les places que j'ai fortifiées. »

Au milieu des sujets les plus sérieux, il ne déteste pas la
plaisanterie. En 1688, rendant compte à Louvois d'une opération
qui lui a permis de se glisser inaperçu jusqu'à la citadelle de
Manheim, il écrit en parlant des Allemands : « Si c'était des
Français, j'en attendrais une sortie dès le matin ; mais comme
la grande bravoure des Allemands ne se fait bien sentir que
l'après-midi, cela fait que je ne les appréhende pas... Ce sont au
fond de fort braves gens, car, pendant que nous leur coupions
cette nuit tout doucement la gorge du côté de la citadelle, ce
n'était de leur part que fanfares de trompettes, timbales et
hautbois, du côté de l'attaque. Il n'y a point de menuets ni d'airs
de nos opéras qu'ils n'aient fort bien joués, et cela a duré tout
le temps qu'ils ont trouvé le vin bon. Présentement, soit qu'ils
se soient aperçus de la supercherie qu'on leur a faite du côté
de la citadelle, soit qu'ils se donnent le loisir de cuver
leurs vins, il me parait qu'ils sont un peu rentrés en eux-
mêmes (1). »

Nous connaissons l'homme, voyons maintenant son œuvre.

(1) Citée par Camille Rousset, Louvois, t. IV, p. 143.

CHAPITRE III.

VAUBAN INGÉNIEUR MILITAIRE.

C'est une opinion communément reçue que Vauban a révolutionné l'art de la fortification. Volontiers on s'imagine qu'avant lui se dressaient encore les murailles datant du moyen âge, flanquées de leurs hautes tours. Dans son *Siècle de Louis XIV*, Voltaire a écrit : « Pour la défense, il ne se servit plus que d'ouvrages presque au niveau de la campagne; les fortifications hautes et menaçantes n'en étaient que plus exposées à être foudroyées par l'artillerie ; plus il les rendit rasantes, moins elles étaient en prise. » De là à conclure que Vauban a inventé cette fortification rasante, il n'y a qu'un pas. Ce pas est vite franchi avec Fontenelle qui déclare « ne pas entrer dans le détail de ce *qu'il inventa ; il serait trop long, et toutes les places fortes* du royaume doivent nous l'épargner (1). » Ainsi se forment les légendes. Vauban a assez de titres de gloire pour n'avoir pas besoin de celui-là.

La fortification moderne semble avoir pris naissance en Orient. Peut-être les Turcs l'ont-ils inventée et les Vénitiens l'ont-ils importée en Europe. Il est fort question de bastions dans la belle défense de Rhodes par les Chevaliers de Saint-Jean. Dès le

(1) Fontenelle, Éloge de Vauban.

xvie siècle, les principes nouveaux trouvent déjà leur application en France : ils ont leur théoricien dans *Errard* de Bar-le-Duc, qui dès l'année 1600 écrit le premier traité de fortification. Un grand progrès se constate déjà en 1624 dans les *Pratiques du sieur Fabre sur l'ordre de construire, garder et défendre les places*. Le chevalier *de Ville* perfectionne encore ces méthodes dans un traité de fortification paru en 1628. Un poète du temps en célèbre les mérites par ces vers :

> De Ville, quel honneur te promet cet ouvrage !
> Un guerrier diligent, par ta plume guidé,
>   Souvent te devra l'avantage
> D'avoir su prendre un fort et de l'avoir gardé.....
> Toutefois quel progrès, puisque tu fais entendre,
>   Si l'on suit tes leçons,
> Que l'on peut prendre tout et qu'on ne peut rien prendre !

De Ville avait un émule dans le chevalier *de Pagan*, d'une famille italienne naturalisée sous Henri II. C'est lui qui avait en réalité forcé le pas de Suze, sous Louis XIII, et il avait une telle réputation que lorsqu'il fut devenu aveugle, Louis XIV regrettait de ne pouvoir l'employer. Il mourut en 1665 ; mais, vingt ans avant, il avait écrit un *Traité des fortifications* d'où Vauban tira beaucoup d'idées, ayant longtemps *paganisé,* selon sa propre expression, avant d'être lui-même.

Il n'a donc pas inventé de toutes pièces un système de fortifications qui existait bien avant lui. En quoi consiste ce système ?

La ville est protégée par une enceinte polygonale, de forme la plus simple.

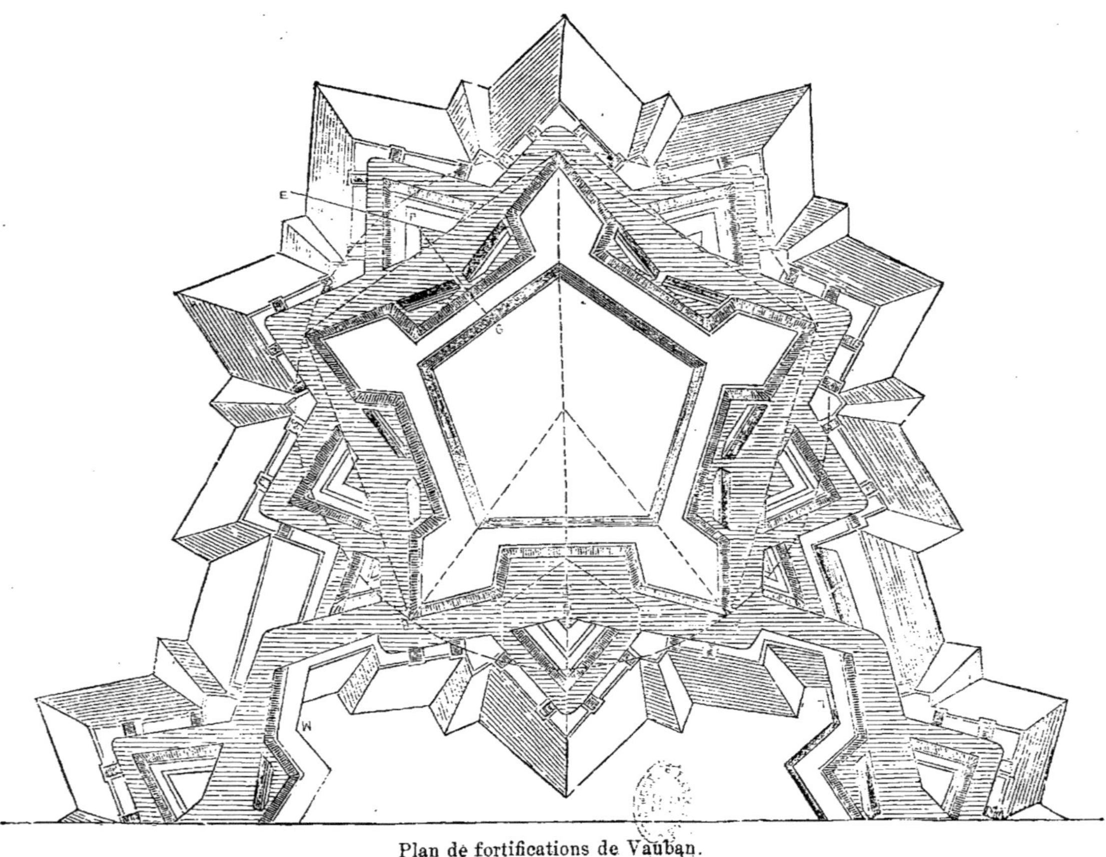

Plan de fortifications de Vauban.

Cette enceinte ou *rempart* est une levée de terre que soutient un mur extérieur, tourné vers la campagne. Ce rempart est couronné d'un *parapet*, sorte d'élévation en terre qui met le défenseur à l'abri du feu ennemi. Derrière ce parapet est ménagé un chemin de ronde.

Chaque côté du polygone de fortification s'appelle *courtine*.

A chaque extrémité de la courtine s'élève un *bastion*. C'est une grande masse de terre, revêtue de maçonnerie ou de gazon, établie sur les angles de la fortification. Il est destiné à remplacer les tours des anciennes forteresses. Sa figure est celle d'un pentagone. Deux faces forment un angle saillant vers la campagne ; deux autres, sous le nom de *flancs*, joignent le bastion à l'enceinte. Chacun des flancs dirige son feu vers la courtine à laquelle il se rattache et ainsi la protège ou la *flanque*. Le cinquième côté fait corps avec le rempart et donne accès au bastion ; c'est la *gorge* de ce bastion. Certains bastions sont pleins, d'autres sont vides. Une barrière peut alors fermer la gorge et constitue ainsi une petite citadelle ou *réduit*, capable d'une défense particulière si l'ennemi se rend maître d rempart.

Il est nécessaire que le milieu de la courtine soit à portée de fusil du flanc correspondant des deux bastions. En cas contraire, il y aurait lieu de ménager sur cette courtine un troisième bastion.

C'est au milieu de la courtine qu'est placée la porte, car c'est le point le mieux défendu, puisque les feux des deux bastions y convergent.

Parfois de petites portes sont ménagées dans le flanc d'un

bastion ou dans l'angle de la courtine, pour descendre dans le fossé sans être vu de l'ennemi et pour faciliter les sorties. Ce sont les *poternes*.

Toute cette enceinte est protégée elle-même par un fossé. Il n'est pas nécessaire qu'il soit *plein d'eau*, car alors, s'il gêne l'assaillant, il paralyse l'assiégé pour les sorties.

Presque toujours, en avant du fossé et en face de la porte, se trouve un ouvrage de forme presque triangulaire, avec deux faces formant un angle saillant vers la campagne, et généralement rattaché à la courtine par un pont à fleur d'eau. Cet ouvrage, destiné à protéger la porte, s'appelle *demi-lune*. La prise d'une demi-lune était considérée comme un fait d'armes très brillant. « Te souvient-il, Vicomte, de cette demi-lune que nous emportâmes sur les ennemis, au siège d'Arras ? » demande à Jodelet le fameux Mascarille des *Précieuses ridicules* ; et l'autre de répondre : « Que veux-tu dire avec ta demi-lune ? c'était bien une lune tout entière (1). »

La pente du fossé appuyée à la place constitue l'*escarpe*.

La pente opposée appuyée à la campagne forme la *contrescarpe*.

Parfois un chemin est ménagé entre l'escarpe et la place, avec épaulements ou ouvrages en terre pour protéger l'assiégé : c'est la *fausse braie*.

Au delà de la contrescarpe, et par conséquent extérieurement au fossé, se trouve le *chemin couvert*. Il doit ce nom à ce qu'il est caché à l'ennemi par une élévation de terre d'environ deux

____

(1) *Précieuses Ridicules*, Scène XII.

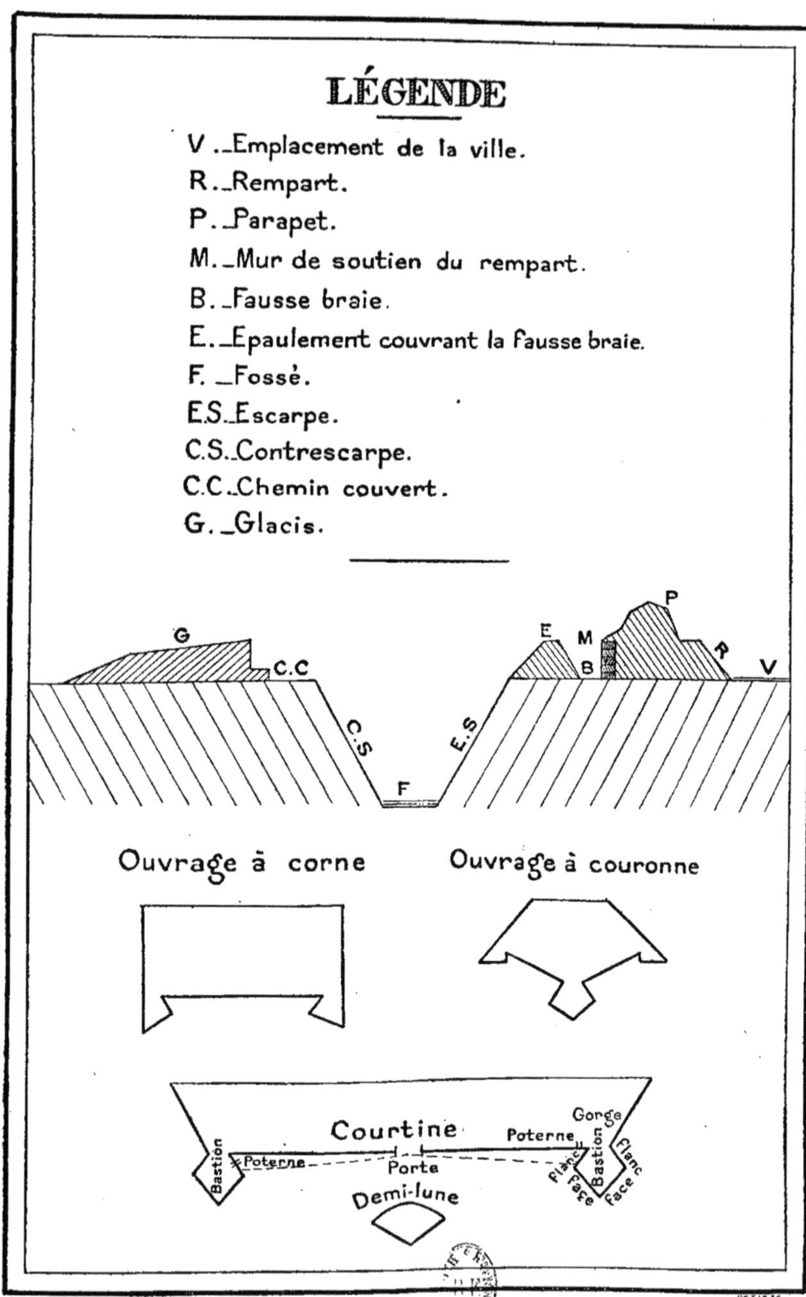

Fortifications de Vauban.

mètres de hauteur. Cette élévation s'abaisse en pente douce vers la campagne sous le nom de *glacis*. Un avant-fossé est souvent ménagé en avant du glacis.

Le chemin couvert est vu du rempart et des bastions ; il communique au fond du fossé au moyen de rampes et d'escaliers.

Pour renforcer cet ensemble, on a recours à des *dehors*, pièces détachées qui protègent la fortification principale. Telles sont les *lunettes, ouvrages à corne, ouvrages à couronne*.

La lunette, comme son nom l'indique, n'est qu'une réduction de la demi-lune.

L'ouvrage à corne, de forme triangulaire, se dirige communément vers le milieu d'une courtine et se brise à peu de distance du chemin couvert.

L'ouvrage à couronne est plus compliqué. C'est un bastion auquel s'adjoignent deux courtines, terminées chacune par un demi-bastion.

Ces ouvrages servent surtout à mettre en communication les deux rives d'un cours d'eau, à protéger un pont, à enfermer un faubourg extérieur à l'enceinte.

Joignons à cela que toute place bien conditionnée possède une *citadelle*.

C'est une enceinte ne renfermant aucune portion de la ville, se reliant à l'enceinte principale contre laquelle elle s'appuie. Elle est dirigée à la fois contre l'ennemi et contre la ville, s'il fallait en contenir la population. Munie d'un système complet de fortification tourné vers la ville, elle est susceptible d'une défense particulière, quand la place est déjà au pouvoir de l'ennemi, et exige pour ainsi dire un second siège.

Voilà pour la défense avant Vauban. Passons maintenant à l'attaque. Il faut d'abord songer au peu de portée des armes à feu à cette époque. Celle du mousquet était au plus de 150 toises, soit environ 300 mètres ; celle du canon ne dépassait jamais 1,000 toises ou 2,000 mètres. Ces armes étaient loin d'avoir la précision qu'elles ont de nos jours ; leurs coups étaient très espacés, par suite de la lenteur et de la difficulté de la charge. Cela rendait possibles des procédés d'attaque qui ne le seraient plus aujourd'hui avec des armes à longue portée et à tir rapide.

Un siège comprenait deux opérations distinctes :

1° La prise du chemin couvert, sous peine de ne pouvoir que peu de chose contre l'enceinte, puisque le glacis en dérobait en partie la vue à l'assiégeant ;

2° La prise du corps de place.

Pour s'assurer de la possession du chemin couvert, où, jusqu'au dernier moment, se tenaient les assiégés, il fallait d'abord s'établir au sommet du glacis.

Pour cela, on avait recours à la *tranchée*, long boyau creusé dans le sol, en dehors duquel on rejetait la terre qui formait parapet du côté de la place. Si le sol pierreux ou marécageux ne permettait pas de creuser, le parapet était tant bien que mal formé de fascines, de gabions ou paniers remplis de terre. On traçait généralement deux de ces tranchées en partant de deux points hors de portée du canon de la place. Les deux tranchées, convergeant, se coupaient près de la place, divergeaient ensuite pour l'embrasser et se réunir par une tranchée parallèle au glacis. Là on dressait des canons pour battre la place. Le chevalier de Ville proposait de longues tranchées couvertes, dont

le ciel eût été formé de fascines et de gabions, et qui se seraient
dirigées vers la place par le chemin le plus court. On finissait
par s'établir en haut des glacis : c'était le *couronnement* du
chemin couvert que l'ennemi était dès lors forcé d'évacuer. Mais
le danger ne diminuait pas pour cela, au contraire. On n'était
plus protégé par la tranchée, on était exposé au feu des petites
armes.

Pour y remédier, on établissait des *logements*, c'est-à-dire,
avec des gabions ou des sacs à terre, une sorte de retranche-
ment couronnant le glacis. Derrière ce parapet improvisé, on
plaçait du canon pour achever la brèche commencée de la
tranchée. Le plus sûr et le plus expéditif était encore d'avoir
recours à la *mine*.

Un ingénieur descendait dans le fossé avec le mineur et lui
indiquait le point faible du rempart. Cela s'appelait *attacher le
mineur*. C'était une opération délicate, car il fallait agir à ciel
ouvert ; aussi essayait-on de tromper la surveillance de l'ennemi.

Le mineur attaquait alors l'escarpe, y creusait une galerie
souterraine qui le menait au pied de la muraille où il préparait
un fourneau de mine dont l'explosion pratiquait la brèche.
Souvent les assiégés, conduisant eux-mêmes une galerie sous
la muraille, éventaient la mine ; mieux encore, une *contre-mine*
préparée à l'avance par eux sous l'escarpe faisait sauter le
mineur et son ouvrage.

L'assiégeant se précipitait sur la brèche, précédé de grenadiers avec des bombes à main. C'était un moment terrible.
Parfois une contre-mine éclatait sous les pas de l'assaillant, ou

bien, comme pour la petite place de Chatté, ils jetaient sur la brèche des ruches d'abeilles, dont la piqûre dispersait les assiégeants, les chassait même loin des tranchées, ce qui permettait aux défenseurs de réparer la brèche (1).

Toutes les opérations préliminaires : tranchées, logements, batteries, galeries, mine, constituent *les approches*.

Les lois de la guerre autorisent le pillage après l'assaut. La garnison est alors massacrée ou prisonnière ; aussi préfère-t-elle capituler avant l'assaut. Les tambours annoncent cette prudente résolution par une batterie spéciale : *la chamade*.

Mais un gouverneur se fût déshonoré en sortant par les portes. Sa reddition ne se justifiait que si la brèche était d'un accès assez facile pour livrer passage à la garnison évacuant la ville et sortant mèche allumée.

Où Vauban a été véritablement novateur, c'est pour l'attaque des places.

Ce n'est pas qu'au début il s'écarte sensiblement de la voie tracée par ses devanciers, mais il ne laisse rien au hasard, il proscrit les coups de main qui peuvent, s'ils réussissent, amener quelques jours plus tôt la reddition de la place, mais exposent à de cruels mécomptes en cas d'insuccès. Sa méthode consiste à s'avancer pied à pied, à cerner peu à peu les défenses de la place par des lignes toujours bien liées entre elles ; marchant toujours avec circonspection, toujours couvert par ses épaulements. Les officiers s'indignent, plaisantent cette marche en apparence si compassée et si lente ; il se trouve

(1) Vauban, Traité de la défense des places, p. 229.

qu'en fin de compte elle a notablement abrégé la durée du siège, rendu le succès infaillible, tout en atténuant prodigieusement le danger. Il pose, nous dit Carnot, ce principe général que « l'assiégeant doit procéder mathématiquement dans sa marche, doit s'emparer pied à pied de tous les refuges de l'ennemi; et la raison en est évidente, puisque l'un avançant toujours, l'autre reculant toujours, il faut bien que celui-ci finisse par être entièrement chassé (1). »

Nous le voyons inventer les boulets creux, dont l'effet utile n'est pas moindre que celui des boulets pleins, et dont le transport est bien plus facile. On avait vu les Turcs, au siège de Rhodes, employer des boulets pesant trois cents livres.

Ce fut en 1673, au siège de Maëstricht, que Vauban fit une véritable révolution dans l'art des sièges par l'invention des parallèles. C'étaient des lignes de tranchées, parallèles aux ouvrages que l'on voulait attaquer et s'en rapprochant de plus en plus. Elles étaient généralement au nombre de trois, reliées entre elles par des boyaux en zigzag, pour ne point être pris en enfilade par le canon ennemi. En certains endroits, la tranchée s'élargissait brusquement de façon à former de vastes places d'armes, sortes d'esplanades, où les troupes pouvaient manœuvrer à leur aise et se déployer pour repousser une sortie. « On y est en sûreté comme si on était chez soi », disait le comte d'Aligny.

Sans doute, il y a exagération dans cet enthousiasme. Vauban lui-même a dit : « Je me sens obligé de déclarer une

(1) Carnot, De la défense des places fortes.

vérité essentielle qui est qu'il n'y a aucun lieu sûr dans ladite tranchée..... C'est pourquoi je ne suis point d'avis que le roi, Monseigneur (le dauphin), ou Monseigneur le duc de Bourgogne, dans les visites qu'ils feront à la tranchée, passent au delà de la troisième place d'armes, ni même qu'ils aillent souvent jusque-là (1). »

Il n'y avait pas moins un énorme progrès réalisé. Les tranchées cessaient d'être une « boucherie ». La résistance de l'ennemi, bien qu'héroïque, fut singulièrement paralysée par cette tactique nouvelle.

Nous en avons pour garant Louis XIV lui-même, qui écrit dans ses Mémoires: « La façon dont la tranchée était conduite empêchait les assiégés de rien tenter; car on allait vers la place quasi en bataille, avec de grandes lignes parallèles qui étaient larges et spacieuses; de sorte que, par le moyen des banquettes qu'il y avait, on pouvait aller aux ennemis avec un fort grand front..... Les ennemis, étonnés de nous voir aller à eux avec tant de troupes et une telle disposition, prirent le parti de ne rien tenter tant que nous avancerions avec tant de précautions (2). »

Vauban est-il bien l'inventeur des parallèles ? La chose a été contestée. Ce système avait été employé par les Turcs au siège de Candie, et on a insinué que l'idée en avait été inspirée à Vauban par Paul, jeune ingénieur qui avait servi Venise à Candie et qui fut tué au siège de Maëstricht. C'est possible; Vauban n'en a pas moins le mérite d'avoir porté du premier

(1) Vauban, Attaque des places, p. 237.
(2) Œuvres de Louis XIV, t. III, p. 349.

Siège de Maëstricht.

coup à sa perfection un système qui n'avait été qu'ébauché avant lui.

En 1676, au siège de Condé, la place étant couverte par des marais et une vaste inondation, Vauban imagine d'associer une flottille aux opérations du siège. Des *galiotes*, petits bâtiments à rames, diminutifs des galères, seront employées à cet effet, et même une redoute flottante dont Louvois nous a tracé la description. « Elle n'avait que douze pieds de large sur vingt de long, il y avait cinq pièces de canon dessus, sur des affûts marins... et pour le moins quarante-cinq hommes, sans qu'elle prit plus de cinq pouces d'eau; il en restait encore quatre hors de l'eau, et toute cette machine ne pesait point plus de seize cents livres; c'est-à-dire qu'il n'y a pas de charrette qui ne la voiture partout... J'y ajouterai une autre petite perfection, c'est qu'un coup de canon qui la percerait tout au travers ne la ferait pas couler à fond (1). » L'ennemi, effrayé, capitula dès le sixième jour. L'assaillant n'avait perdu que quatre-vingts soldats et quatre officiers.

Cette tactique fut employée chaque fois que l'occasion s'en présenta, et la flotte parut dans les sièges. C'est ainsi qu'en 1693, au siège de Charleroi, elle joua un rôle brillant sous les ordres du fameux Pointis.

En 1688, sous les murs de Philipsbourg, nouvelle invention considérable. Cette fois, c'est pour le tir: Vauban imagine les *batteries à ricochet*. On appelle ainsi des batteries de canon que l'on dresse de telle sorte que le boulet, au lieu d'aller en ligne

____

(1) C. Rousset, Louvois, t. II, p. 205, note.

droite, s'élève comme une bombe, mais à moins de hauteur. Dès lors, en tombant à terre, il fait des ricochets, à peu près comme une pierre plate qu'on jette horizontalement sur la surface de l'eau. « Il faut pour cet effet mettre les pièces sur la semelle, c'est-à-dire à toute volée » ; charger « avec autant d'exactitude que les saulniers en apportent à mesurer le sel » ; avec le refouloir, appuyer la charge « sans battre ; ....il n'y aura plus alors que le trop ou trop peu de charge qui puisse empêcher le coup d'aller où l'on veut ». Donc on l'augmentera ou diminuera « jusqu'à ce qu'on voie le boulet entrer dans l'ouvrage en effleurant le sommet du parapet » (1). Une fois la charge trouvée, il n'y a qu'à continuer ; le tir reste le même, puisque la pièce ne recule pas. Pourtant, quand on change de poudre, il faut de nouveau régler le ricochet. On voit qu'il s'agit d'un tir avec une charge inférieure à celle employée d'ordinaire.

Ce nouveau procédé de tir ne donna pas d'abord les résultats qu'espérait Vauban. Il craignit que Louvois ne traitât cette manière de « visionnaire et ridicule » ; et pourtant « elle a démonté six ou sept pièces de canon, fait déserter l'un des longs côtés de l'ouvrage à corne et toute la face d'un des bastions opposés aux grandes attaques, si bien qu'on ne tirait plus » (2). Mais quelle revanche, quelques jours plus tard, au siège de Manheim ! alors Vauban a pu perfectionner son invention, il triomphe, et c'est avec un ton de bonne humeur joyeuse qu'il apprend à Louvois les bons effets de sa batterie à

(1) Vauban, Attaque des places, p. 111.
(2) Lettre citée par Camille Rousset, Louvois, t. IV, p. 141, note.

ricochet : « Elle leur a démonté quatre ou cinq pièces de canon, fait abandonner six ou sept autres qui tourmentaient notre grande batterie, mis le feu à cinq ou six bombes et à deux caques de poudre qui firent sauter des chapeaux en l'air; coupé la jambe à un lieutenant-colonel et persécuté je ne sais combien de gens qu'elle allait chercher dans des endroits où l'on ne voyait que le ciel » (1).

Il sera facile d'apprécier le mérite de Vauban en le suivant dans l'un des sièges où il employa toutes ses découvertes : c'est celui de Charleroi en 1693, un des plus remarquables qu'il ait dirigés.

Cette place était son ouvrage. Rétrocédée aux Espagnols lors du traité de Nimègue, ils l'avaient entretenue avec beaucoup de soin. Une partie du glacis était précédée d'un étang dont la digue de retenue était couverte par des dehors contre-minés. Une redoute s'élevait au milieu de l'étang. Ce fut précisément ce point, au premier aspect formidable, qui fut choisi pour l'attaque. On remarqua tout bas que Vauban se créait des obstacles à plaisir pour mieux se faire valoir; les plus indulgents déclarèrent qu'il se trompait. Mais Vauban savait très bien ce qu'il faisait. Il supposait que les ennemis avaient contre-miné le glacis aux points accessibles où ils attendaient l'attaque. Ils ne l'avaient point fait sans doute là où ils croyaient cette attaque impossible. D'ailleurs, il fallait, pour arriver aux points découverts, forcer une double ligne de dehors. La redoute de l'étang n'était dangereuse qu'en apparence, elle couvrait même, dans

(1) Lettre de Vauban à Louvois du 12 novembre 1688. Collection de M. Quarré-Reybourbon.

une certaine mesure, contre les feux de la place la flottille assez audacieuse pour l'insulter. Les galiotes conduites par Pointis eurent bon marché de cette redoute. Vauban s'y installa pour battre la lunette et l'ouvrage à corne qui défendaient la digue, et les rendre intenables. Surpris par une brusque attaque, l'ennemi ne put faire jouer les contre-mines, et les ouvrages demeurèrent entre nos mains. La digue fut crevée et l'étang se vida. En même temps des batteries à ricochet rendaient intenable le chemin couvert. C'était le moment de tenter un coup de vigueur et de couronner le glacis. Vauban ne le permit pas, il espérait que l'ennemi ferait la sottise de l'attaquer, et que sur la pente rapide du glacis, vu des pieds à la tête, il serait exposé à un feu meurtrier ; mais l'ennemi ne parut pas. Jugeant la situation désespérée, il pratiquait à la hâte sous le glacis quelques fourneaux de mine. Vauban ne lui laisse pas le temps de les achever, il envahit à propos le chemin couvert. Là encore il arrête l'élan du soldat. La brèche paraissait praticable, il défend de donner l'assaut : « Brûlons de la poudre, répondait-il aux mécontents, et versons moins de sang ». Il envoie donc les mineurs avec ordre de plonger très loin sous la brèche pour s'assurer qu'elle n'était pas contre-minée. Elle l'était en effet, et l'explosion des fourneaux aurait coûté du monde, peut-être fait manquer l'assaut et rendu la brèche inaccessible. L'assiégé, se voyant pénétré, capitula. De 4,500 défenseurs, il en restait 1,200. L'assaillant avait à peine 150 hommes tués ou blessés. Les censeurs de la première heure ne furent pas les moins chauds admirateurs de la seconde.

Nous avons un moyen facile de constater la supériorité de

Prise du chemin coûvert,
au siége de Charleroi.

Vauban, c'est de le comparer avec son émule Cohorn. Or nous avons un excellent point de comparaison. Namur fut prise par Vauban en 1692 et reprise par Cohorn en 1695. Au milieu des opérations de guerre et avec des finances délabrées comme elles l'étaient alors, cette place n'avait pu dans l'intervalle recevoir de modifications importantes. Faisons le bilan des deux sièges.

Namur avait coûté à Louis XIV 35 jours de siège ; le prince d'Orange y consuma deux mois entiers. En 1692, les assiégeants eurent 2,600 hommes hors de combat, les assiégés le double ; en 1695, la garnison eut 8,000 hommes et les alliés 18,000 tués ou blessés. Je laisse ici parler un homme du métier. « On vit, en des attaques si diverses, quel génie différent animait Vauban et Cohorn ; Vauban, n'employant que l'artillerie nécessaire, n'usant de son influence que pour modérer l'ardeur des soldats, ne leur permettant de s'approcher que sous la protection de ses travaux, et les conduisant ainsi couverts jusqu'au pied de chaque ouvrage, avait mis son étude et sa gloire à les épargner, et l'avait fait sans ralentir le siège. Cohorn, accumulant les bouches à feu, envoyant les troupes découvertes à des assauts éloignés et sacrifiant tout au désir d'effrayer et de surprendre les défenseurs, n'avait économisé ni les dépenses, ni les hommes, ni le temps même.... On jugea que le premier s'était conduit comme un chef habile et qui manœuvre, le second comme un homme impétueux qui ne songe qu'à rompre et à détruire l'ennemi. Dans les attaques de Cohorn, l'appareil des feux, l'audace et la combinaison des assauts éblouirent les esprits ; on admira dans celles de Vauban une méthode à la fois plus sûre, plus rapide, moins sanglante ; en un mot, l'art de détruire soumis et devant sa perfection à l'art de conserver (1).

Surtout occupé de l'attaque, Vauban fut beaucoup moins novateur pour la défense ; il construisit en vérité beaucoup de places neuves (2), mais la plupart avant d'avoir fait ses grandes découvertes sur la science des attaques. Elles ne furent pas disposées pour contrebalancer la supériorité de son nouvel art. Il était parvenu à ne pas laisser sur les remparts un seul point habitable pour les défenseurs ; il voulut, sur la fin de sa carrière, rétablir l'équilibre entre l'attaque et la défense ; il revint alors au système abandonné des casemates et à celui des *tours bastionnées*, petits bastions voûtés à l'épreuve de la bombe, qu'il employa sans grand succès à Belfort et à Landau Carno- reproche avec raison aux places de Vauban de n'avoir point de « souterrains ni lieux abrités pour les hommes, les subsistances, l'artillerie, les munitions (3). »

(1) Colonel Alleut, Histoire du génie, t. I, p 316.

(2) Après la paix des Pyrénées, Dunkerque, qui fut d'ailleurs l'ouvrage de sa vie entière. — Après la paix d'Aix-la-Chapelle : Charleroi, Ath, la citadelle de Lille, d'Arras, le fort de la Knoque, la citadelle de Tariq et Verceil en Italie. — Après la paix de Nimègue : Maubeuge, Longwy, Sarrelouis, Philipsbourg, la citadelle de Strasbourg, Kehl, Ville-Neuve de Brisach, dans une île du Rhin, qu'il ne faut pas confondre avec Neuf-Brisach, Fribourg, Belfort, Huningue, Toulon, Perpignan, Mont-Louis, Port-Vendres, Hendaye, Saint-Martin de Ré, Rochefort, Brest, la citadelle de Belle-Ile, le fort Nieulay à Calais. — Après la trève de Ratisbonne : Mont-Royal, Landau, Fort-Louis du Rhin. — Après la paix de Ryswik : Mont-Dauphin, Briançon, Neuf-Brisach.

On augmenterait beaucoup cette liste, si on y ajoutait les forts isolés des côtes, les forts à la mer, en avant des ports.

(3) Carnot, De la défense des places fortes.

Vauban n'a pas innové en matière de fortifications, mais il a su tirer parti du système en usage par l'adoption d'un meilleur relief, d'un tracé plus simple, de dehors plus vastes et mieux disposés. Il sait tirer du moindre accident de terrain et surtout des eaux une défense commode et peu coûteuse. Deux grandes idées semblent toutefois avoir germé en lui sur la fin de sa vie : l'établissement de camps retranchés sous les places, avec des armées indépendantes de la garnison, l'usage des forts détachés pour rendre impossible l'investissement d'une place.

La première se manifeste en 1706, lorsqu'il fut envoyé à Dunkerque pour y commander. Il employa 1,200 pionniers pour faire deux camps retranchés en avant de la ville : l'un entre les Mœres et le canal de Bergues, l'autre entre le canal de Bergues et celui de Bourbourg. Les deux camps pouvaient contenir chacun 15,000 hommes.

La seconde se retrouve dans un mémoire au roi sur la possibilité de fortifier Paris. Les revers de la succession d'Espagne rendaient possible l'éventualité d'une marche sur la capitale. Vauban propose de garder l'ancienne enceinte (qui correspond aux boulevards intérieurs actuels); elle était fort délabrée, mais pouvait être réparée ; ce à quoi il tient surtout, c'est à une seconde enceinte extérieure, « à la très grande portée du canon de la première, c'est-à-dire à 1,000 ou 1,200 toises de distance, occupant toutes les hauteurs convenables ou qui peuvent avoir commandement sur la ville, comme celles de Belleville, de Montmartre, Chaillot, faubourg Saint-Jacques, Saint-Victor, et tous les autres qui pourraient lui convenir ». N'est-on pas ému des sages précautions de ce bon Français qui déjà s'écriait en 1694 :

« Strasbourg, à mon avis, ne se doit non plus restituer que le faubourg Saint-Germain (1) ».

Dans sa longue carrière, Vauban avait beaucoup observé; aussi, dans ce traité de la défense des places qu'il dicta en 1707, presque à son lit de mort, donne-t-il les plus sages conseils pratiques.

Il forme des tableaux *pour l'approvisionnement de toutes les places* ; Carnot remarque que c'est lui le premier qui prend cette sage mesure, ce dont il le félicite ; « car il est aussi essentiel de bien pourvoir les places que de les bien construire ».

Vauban attache la plus grande importance au bon choix du gouverneur. Il se plaint de ce que ces charges de confiance soient données « à de vieux officiers, pour récompense de leurs services, sans avoir fait beaucoup d'attention à leur capacité que l'on suppose plutôt telle qu'elle devrait être qu'on ne la connait ». Ces derniers ne songent qu'à prendre du plaisir, à s'en aller en visite, à faire des parties de chasse; aussi ne sont-ils nullement préparés, « faute de résidence, d'étude et d'application (2) ».

Vauban comprend combien le moral du soldat peut avoir d'influence sur la défense d'une place, aussi descend-il à ce sujet jusqu'aux plus menus détails : il n'oublie même pas le tabac, dont il recommande d'avoir provision, car « il est nécessaire pour amuser le soldat, qui s'en est fait une si grande habitude qu'il ne s'en peut plus passer... La vérité est que rien ne contribue plus que le tabac à désennuyer de l'oisi-

(1) Mémoire présenté par Vauban au roi, publié par Augoyat.
(2) Traité de la défense des places, p. 113.

veté et à émousser le grand besoin qu'ils ont de manger (1) ».

Où il montre qu'il connait bien le soldat, c'est quand il donne au gouverneur le conseil d'avoir toujours par devers lui une assez grosse somme en menue monnaie pour en distribuer quand il visitera les postes. « J'ai toujours remarqué, dit-il, non une fois, mais plusieurs, qu'un escalin ou deux donnés à propos à un pauvre soldat qui pâtit lui fait plus de bien qu'un écu donné quand il est à son aise. » Et il ajoute : « Que si le gouverneur à qui je parle ne pouvait pas mettre une telle somme ensemble de son crû, je lui conseille de l'emprunter sans hésiter, certain que je suis qu'il ne fera jamais de dépense qui lui fasse plus d'honneur (2) ».

Si c'est pied à pied que l'assaillant s'avance, c'est par d'heureux coups de main que l'assiégé doit se défendre ; mais encore faut-il user d'une grande circonspection. « Je ne suis point, dit Vauban, pour les sorties qui n'ont pour objet qu'un certain brillant inutile, que vous achetez toujours trop cher (3). » Si on sort de loin pour entrer dans les travaux des assiégeants, ils ramènent toujours les troupes sorties jusque dans les chemins couverts, et tuent pour l'ordinaire beaucoup de monde. Si les tranchées des ennemis sont trop près, on fait encore moins d'effet, parce qu'ils sont bientôt assemblés. Il convient donc d'inquiéter seulement les travailleurs pendant la nuit, de faire pour cet effet de petites sorties de huit à dix hommes choisis, qui donnent l'alarme en faisant grand bruit et en jetant quelques grenades,

(1) Traité de la défense des places, p. 92.
(2) *Idem*, p. 147.
(3) *Idem*, p. 184.

après quoi ils doivent se retirer fort vite. Comme à la longue il est présumable que les assiégeants s'accoutumeront à ces fausses sorties, quand le gouverneur s'en apercevra, alors seulement il fera une sortie sérieuse, qui renversera les travailleurs et les troupes de soutien ; mais il ne s'opiniâtrera pas dans son avantage, de peur de s'attirer bientôt toute la tranchée sur les bras.

CHAPITRE IV.

VAUBAN ORGANISATEUR.

Au xvii⁰ siècle, des services aujourd'hui bien distincts étaient confondus. L'artillerie ne formait pas une arme spéciale. On traitait à forfait avec de véritables entrepreneurs pour le service des batteries. Le titre d'officier d'artillerie n'éveillait pas plus d'idée militaire que celui d'officier de justice. Tout ingénieur était forcément doublé d'un artilleur : il devait aussi s'occuper de la portée des armes. Vauban gémissait, non sans raison, sur le manque d'uniformité des calibres. Il serait donc surprenant de le voir se renfermer dans la spécialité des seules fortifications. Il s'occupe aussi du matériel, du personnel de l'artillerie, de l'organisation si désirable d'un corps du génie. Là encore il est en communion d'idées avec Louvois, et le ministre n'adopte aucune mesure sans avoir consulté son ami.

Une des questions qui occupa le plus les gens du métier sous le règne de Louis XIV fut celle de la substitution du fusil au mousquet.

Le mousquet était l'ancienne arquebuse fort améliorée, mais restait encore un instrument très imparfait. Le soldat, après avoir chargé son arme, la déposait à côté de lui, tirait de sa poche une mèche et un briquet, battait une pierre à fusil jusqu'à ce qu'une étincelle complaisante mit le feu à la mèche, fixait alors cette dernière à un serpentin de façon à ce que l'extrémité inférieure plongeât dans la poudre du bassinet, puis demeurait en joue jusqu'au moment où la mèche communiquait le feu à cette poudre. C'était parfois fort long et toujours très incommode.

Un perfectionnement important fut trouvé vers l'époque de la mort de Mazarin. La pierre à fusil fut emprisonnée entre deux pièces métalliques reliées à une troisième et simulant vaguement la gueule d'un *chien*. Ce chien, poussé par un ressort, s'abattait brusquement sur un briquet fixé solidement dans le voisinage immédiat du bassinet ou réservoir à poudre. Celle-ci était enflammée par une des nombreuses étincelles que déterminait le choc du *fusil* (1) sur le briquet. L'arme prit ce nom de fusil. On la voyait encore, il y a trente ans, entre les mains de certaines compagnies de sapeurs-pompiers dans les villages.

Ce n'était sans doute pas encore la perfection, mais c'était au moins un progrès notable. Pourtant la nouvelle invention ne fut reçue en France qu'avec défiance. Tandis que l'étranger adoptait le fusil avec enthousiasme et donnait ainsi à son infanterie un tir bien supérieur au nôtre (2), le mousquet gardait encore chez nous des partisans déterminés. Le roi était au nombre de ceux-là. Il n'aimait pas les innovations. Vauban imagina alors une arme qui fut à la fois mousquet et fusil : elle était munie du chien, mais gardait toujours le serpentin. Si l'é-

(1) En italien *fusile* désigne la pierre qui fait feu sous les coups du briquet.

(2) Camille Rousset, Louvois, t. II, p. 325.

tincelle passait à côté de la poudre du bassinet sans l'enflam-
mer, la mèche faisait alors son office. C'était une tentative de
conciliation, mais condamnée à l'avance. Le soldat s'embrouil-
lait dans ce mécanisme compliqué.

Le fusil fut admis dans l'armée française, mais partiellement,
à titre d'essai. Ce fut en 1694, après la cruelle expérience que
fit à ses dépens l'infanterie française décimée par les fusils anglais à la bataille de Steinkerque, que les préventions du roi

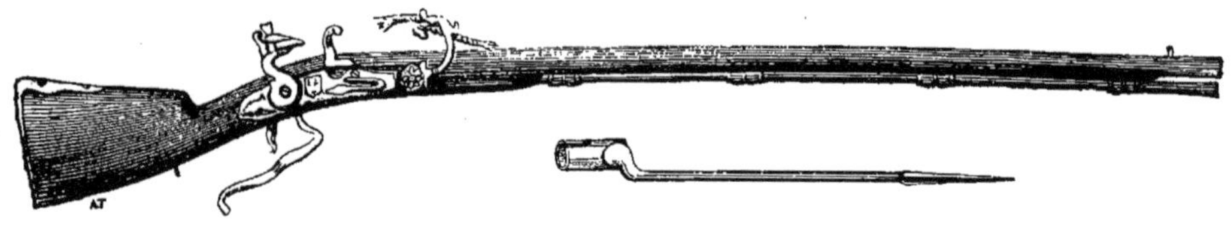

Fusil de Vauban.

tombèrent. Encore faut-il aller jusqu'en 1703 pour voir disparaître le dernier mousquet.

Le fusil, comme le mousquet, avait le grave inconvénient de
n'être qu'une arme de jet. Le mousquetaire ou le fusilier devenaient inutiles quand on s'abordait de près. Le rôle principal
passait ensuite aux piquiers, qui jusqu'alors étaient restés expo-
sés aux coups sans pouvoir les rendre. Toute compagnie comprenait donc des mousquetaires et des piquiers ; mais une
moitié de l'effectif demeurait toujours inutile pendant que
l'autre combattait. Transformer le mousquetaire en piquier,
c'était du coup doubler le nombre des combattants. Cette trans-
formation se fit par l'invention de la baïonnette.

On a trop facilement fait honneur de cette invention à Vauban. Il paraîtrait que les premières baïonnettes sont d'origine allemande. Depuis longtemps les troupes impériales s'étudiaient à arrêter l'élan de la cavalerie dans leurs guerres contre les Turcs. On les avait même chargées de lourdes pièces de charpente garnies de pointes de fer qui, jetées à propos sur le front de bataille, empêchaient les chevaux d'approcher. La baïonnette semble avoir été le complément de cette mesure. Ce n'était toutefois qu'une broche de fer, fixée à une sorte de bouchon métallique qu'on enfonçait dans le canon de l'arme. Il était bien rare qu'après un engagement corps à corps cette arme ne fût pas tordue, faussée, en tous cas hors de service.

Vauban a rendu cette baïonnette d'un usage plus facile. Il remplaça le bouchon par une douille, sorte de cercle métallique qui s'adapte à la partie extérieure du canon, s'y fixe par un ingénieux mécanisme, transformant ainsi le fusil en pique, *sans empêcher le tir*. C'est en décembre 1687 que Vauban fit cette importante découverte, car Louvois lui écrit à la date du 25 : « Je vous prie de m'expliquer comment vous imaginez une baïonnette au bout d'un mousquet, qui n'empêche point qu'on ne le tire et que l'on ne le charge, et quelle dimension vous voudriez donner à ladite baïonnette. » Vauban paraît même avoir eu un collaborateur dans ses recherches, le maréchal d'Huxelles. Louvois écrit en effet à ce dernier en 1688 : « Je vous supplie de m'envoyer au plus tôt..., la baïonnette dont la douille est différente de celle que j'ai vue, afin qu'après l'avoir examinée, l'on puisse régler incessamment la manière dont les troupes devront être armées (1) ».

(1) Citée par Camille Rousset, Louvois, t. III, p. 338, note.

La baïonnette cessant de supprimer le tir, c'était une révolution dans l'art militaire. Elle ne fut pourtant adoptée qu'en 1703 ; mais de ce jour date la supériorité incontestée de l'infanterie sur la cavalerie.

On trouve toujours le nom de Vauban associé à celui de Louvois dans les grandes réformes du ministre. C'est ainsi que, dans un *Mémoire concernant la levée des gens de guerre*, il propose d'étendre le système de la milice en le perfectionnant et en supprimant les abus. Or ce système de la milice, c'était le principe du service militaire dû par tous les Français, avec tirage au sort pour désigner ceux qui partiraient. Louvois l'avait appliqué en 1688 et en avait obtenu de très bons résultats. Il avait pourtant laissé s'y glisser d'étranges abus, tels que l'exemption pour « les domestiques et valets à gages des ecclésiastiques, des communautés, des gentilshommes, des nobles, des personnes revêtues de charges qui confèrent la noblesse » (1) ! Ce sont ces abus que Vauban veut faire disparaitre, et il revient à la charge, en 1705, dans un autre mémoire intitulé : *Moyen d'améliorer nos troupes et de faire une infanterie perpétuelle et excellente*. Ici encore cet esprit libéral était en avance d'un siècle.

Louvois a été le créateur de l'artillerie. Dès 1671, il forme une compagnie de canonniers. C'était une grande hardiesse. Pour ne pas effrayer l'opinion, il institue des bataillons de fusiliers, corps mixte, faisant à la fois le service de l'infanterie et du canon. En 1672, il en a 2 bataillons de 13 compagnies chacun. Ce corps devient bientôt régiment : cela explique comment,

____

(1) Ordonnance de 1688.

avant la Révolution, l'artillerie était considérée comme troupe d'infanterie.

Vauban suit toutes ces transformations avec une évidente satisfaction. Il écrit à Louvois en 1686 : « Le jour même que je partis de Douai, je m'arrêtai bien deux heures à la batterie où j'ai vu tirer les cadets de l'artillerie et les canonniers des fusiliers... Je n'ai jamais vu si bien tirer (1). » Mais ce n'est encore pour lui qu'un commencement, une mesure de transition. « La vérité, dit-il, est qu'un régiment comme celui-là qui monte la tranchée et qui veut remplir les autres devoirs de l'infanterie, ne convient nullement à l'artillerie. Il faut être ou tout un ou tout autre ; le faire tout artillerie ou tout infanterie, autrement le roi n'en sera jamais bien servi (2). » Et il écrit incontinent une *proposition pour la levée de 3 régiments d'artillerie*. Ici encore il ne fut pas donné suite à ses projets.

Vauban est surtout original par l'organisation du corps de génie dont il est le véritable créateur.

On a déjà vu, au commencement de ce livre, combien était défectueux le recrutement des *ingénieurs* chargés de l'attaque et de la défense des places. C'étaient des officiers d'infanterie, sans instruction préalable, sans soldats spéciaux, obligés d'exécuter eux-mêmes les plans qu'ils avaient conçus, descendant dans le fossé, s'exposant plus que le dernier soldat de tranchée. « Il n'y avait autrefois rien de plus rare en France que les gens

(1) Camille Rousset, Louvois, t. III, p. 335, note.
(2) Lettre à Louvois du 29 novembre 1688, extraite d'un recueil manuscrit de correspondances de Vauban appartenant à M. Quarré-Reybourbon, de Lille.

de cette profession, et le peu qu'il y en avait subsistait si peu de temps qu'il était encore plus rare d'en voir qui eussent vu 5 ou 6 sièges, et encore plus qui en eussent tant vu sans y avoir reçu beaucoup de blessures qui, les mettant hors de service dès le commencement ou le milieu du siège, les empêchaient d'en voir la fin et par conséquent de s'y rendre savants (1). »

Joignez à cela qu'ils jouissaient de fort peu de considération ; sans cesse ils voyaient leurs combinaisons entravées par des supérieurs légers ou incapables. Vauban s'en plaint amèrement au début de sa carrière. « Les officiers généraux, dit-il, ordonnent comme il leur plaît et rompent à tout moment la suite du dessein et toutes les mesures que l'ingénieur peut avoir prises... Bien loin de pouvoir suivre une conduite réglée, il se trouve réduit à servir d'instrument pour l'exécution de leurs différents caprices... L'un commande aujourd'hui d'une façon, et celui qui le relèvera ordonnera demain de l'autre (2). » Selon son énergique expression, les ingénieurs étaient « les martyrs de l'infanterie ».

Ce qui leur manquait surtout pour sortir de cette fâcheuse situation, c'était de *faire corps*, de se sentir les coudes, de briser par un effort commun la barrière qui les tenait confinés dans les grades inférieurs. Déjà plein de gloire et âgé de 41 ans, Vauban, en 1674, n'était encore que capitaine. Aussi le voyons-nous employer tous ses efforts pour créer un *corps* d'ingénieurs, pour les solidariser, pour leur ménager dans l'armée une place à part. Il écrit à Louvois en 1675 : « Je serais d'avis de

(1) Vauban, Traité de l'attaque des places.
(2) Vauban, Mémoire pour servir à la conduite des sièges.

les diviser en deux classes, savoir : les ordinaires et les extraordinaires. Les ordinaires seraient ceux qui seraient pourvus
du roi et qui jouiraient de la paie ordinaire qu'on leur aurait
une fois réglée ; et les *extraordinaires*, ceux à qui on aurait
donné des *charges dans l'infanterie*, qui, en temps de paix, leur
seraient conservées par préférence, et qui toucheraient une
pension modique mais bien payée. Quand on aurait besoin de
ceux-ci, on leur pourrait donner des appointements extraordinaires qui ne dureraient qu'autant qu'on aurait besoin
d'eux (1). »

Cette proposition fut adoptée, à peu de chose près ; dès lors
le *corps* des ingénieurs était créé. Restait à leur ouvrir l'accès
des grades supérieurs : Vauban s'en chargea. Il força les obstacles, devint brigadier, puis maréchal de camp, puis maréchal de France : les autres passèrent à sa suite.

On avait donc des officiers de génie ; mais ces officiers n'avaient point de soldats. Vauban s'appliqua à leur en donner.
« Le travail des tranchées, disait-il, demande nécessairement
des ouvriers plus adroits dans les sapes, mines, passages des
fossés, logements de mineurs, etc... que le commun des soldats,
qui prennent crainte du péril, n'entendent que très imparfaitement les ouvrages qu'on leur fait faire et s'en acquittent
toujours mal et à grands frais (2). »

Dès 1672, il soumet sa proposition à Louvois. Il y aurait
eu un régiment à 20 compagnies sous le nom de régiment de

____

(1) Citée par Camille Rousset, Louvois, t. I, p. 244.

(2) Projet pour une compagnie de sapeurs, inséré à la suite du Traité sur
l'attaque des places, par le colonel Augoyat, p. 296 et suivantes.

tranchée, ou, à son défaut, une compagnie de sapeurs mineurs par régiment d'infanterie. Les soucis de la préparation de la guerre de Hollande empêchèrent Louvois de donner suite à ce projet.

Sans se rebuter, Vauban reprend son projet et le précise en 1675 ; il propose des compagnies franches , dont les soldats seront : « tous canonniers, tous grenadiers, sachant couper, tailler et poser le gazon, le placage, le fascinage, le clayonage, faire des gabions, planter des palissades et remuer la terre à propos ; il y aura de plus trente mineurs au moins, cinq ou six charpentiers ou charrons, autant de forgeurs, des armuriers, quelques artificiers, menuisiers, tonneliers, meneurs de partis et messagers » ; et il ajoute avec bonne humeur : « Au cas que la chose plaise à Sa Majesté, je m'offre de mettre la première sur pied et de la bien faire instruire. Mais vous entendez bien, Monseigneur, qu'elle demande une autre paie que l'ordinaire, tant pour les soldats que pour les officiers (1). »

Il ne paraît pas que cette seconde proposition ait eu plus de succès que la première. Vauban en paraît quelque peu mortifié. Aussi y revient-il en 1688. « Le roi, dit-il, trouvera son compte en ce que la tranchée lui coûtera beaucoup moins... elle irait beaucoup mieux et plus vite... Je ne serais pas obligé d'être dix à douze heures à la tranchée, à redresser tantôt une chose, tantôt une autre, pendant lesquelles il n'y en a pas une où je ne puisse être tué je ne sais combien de fois. » Puis, comme s'il craignait d'être accusé d'avidité à cause de la haute paie

____

(1) Citée par Camille Rousset, Louvois, t. I, p. 246.

qu'il réclame pour les officiers de pareilles compagnies, il se hâte d'ajouter : « Ce n'est pas pour me faire honneur ni profit que je vous demande cette compagnie, puisqu'étant lieutenant général, un tel emploi ne peut rien ajouter à ma dignité, et que de l'humeur dont je suis, je ne suis pas homme à profiter des appointements que le roi m'y donnerait : bien au contraire, ce serait une charge de peine dont je me passerais fort bien (1). »

Louvois fit encore la sourde oreille. Cela se comprend de reste, la guerre de la Ligue d'Augsbourg lui créait bien d'autres occupations. Mais voilà qu'au siège de Mons Vauban « eut l'honneur d'en parler au roi et de lui demander d'en faire la levée ». Le roi l'accorda sans difficulté ; mais ici nouvelle entrave. « Feu M. de Louvois, qui avait fort appuyé cette proposition, étant mort peu de temps après, j'abandonnai le dessein de cette compagnie (2) », dit mélancoliquement Vauban.

Il revient à la charge en 1705, et il entre, à propos de l'organisation nouvelle, dans les plus minutieux détails. La compagnie sera composée « d'un capitaine, de 4 lieutenants, autant de sous-lieutenants, 12 sergents, autant de caporaux et 188 soldats, plus 4 tambours et une charrette pour porter les outils ». Les soldats seront armés de « fusils boucaniers et baïonnettes à douille avec les épées à l'ordinaire ». Ils feront l'exercice comme les autres, et de plus seront instruits « sur tous les ouvrages appartenant aux sièges (3) ».

(1) Lettre du 2 novembre 1638, extraite d'un Recueil manuscrit de correspondances de Vauban appartenant à M. Quarré-Reybourbon, de Lille.

(2) Vauban, Projet pour une compagnie de sapeurs.

(3) Idem.

Pas plus que les autres, ce projet ne fut mis à exécution. Les malheurs de la guerre de la succession d'Espagne y mirent obstacle. C'est ainsi que les officiers du génie demeurèrent des officiers sans troupes. Il n'a pas dépendu de Vauban qu'il en fût autrement, et il a du moins le mérite d'avoir ouvert les voies à l'organisation actuelle.

CHAPITRE V.

VAUBAN INGÉNIEUR CIVIL.

Si Vauban n'avait pas été le grand ingénieur militaire et le patient organisateur qu'on vient d'étudier, sa gloire n'en serait pas moindre, seulement elle serait d'un autre genre. Le nom de Riquet passera à la postérité, parce qu'il est attaché à celui du canal du Midi. L'œuvre de Vauban considéré comme ingénieur civil a été plus considérable encore. Il a embrassé dans un vaste plan d'ensemble toute la navigation fluviale de la France. Après en avoir conçu le plan, il a exécuté en partie le réseau de nos canaux actuels ; et c'est à peine si on en parle.

Il n'était encore que capitaine au régiment de la Ferté, et déjà son esprit observateur remarquait les lieux propices à l'établissement de canaux de jonction. C'était à Verdun où il tenait garnison. Il employait ses loisirs à faire de longues par_ ties de chasse. Le hasard de ces courses le conduisit dans une vallée où il fut bien surpris de voir deux ruisseaux ayant leurs deux sources distantes au plus d'une demi-lieue et coulant cependant en sens inverse, l'un vers la Meuse, l'autre vers la Moselle. La nature ne semblait-elle pas marquer elle-même le trait d'union entre les deux rivières ? « Le ressouvenir de la chasse m'ayant plusieurs fois représenté la figure de ce pays-là, m'a fait penser depuis qu'on pourrait bien y faire une communication effective (1) », écrivait-il plus tard à Louis XIV.

Ce qui n'était encore qu'en germe en 1659 devait peu à peu se préciser et grandir, car Vauban ne se contentait jamais d'effleurer une idée : c'est le résultat de 40 ans de méditations qu'il consigna dans un long mémoire composé vers 1699 et intitulé : *Navigation des rivières* (2). Après avoir indiqué les rivières principales et leurs affluents susceptibles de devenir navigables, il ajoute : « Toutes ces rivières sont au nombre d'environ 190... parmi lesquelles il s'en trouve qui pourront devenir navigables pendant toute l'année, d'autres pour dix mois, d'autres pour huit, d'autres pour six, d'autres pour trois ou quatre seulement... Il est bien sûr que si ces navigations pouvaient avoir lieu, le royaume augmenterait considérablement ses revenus, et le débit de ses denrées deviendrait tout autre qu'il n'est ; notamment si *on affranchissait la navigation....* on verrait bientôt la navigation des principales rivières s'accroître et se prolonger du côté des sources, et s'étendre après dans les principales branches, pour de là passer dans les moindres. »

Jusqu'à la fin de sa vie, Vauban poursuivit cette idée; le mémoire de 1699 semble n'avoir été que la préface d'un grand ouvrage qu'il n'eut pas le temps d'écrire, mais dont les matériaux, malheureusement inédits, sont dispersés au ministère

(1) Mémoire concernant la jonction de la Meuse et de la Moselle, fait à Dunkerque, 8 juin 1679.

(2) Tome IV des *Oisivetés.*

de la guerre ou chez les héritiers de la famille de Vauban (1).

Le temps et les ressources ont manqué pour exécuter ce grand projet : les mauvais jours étaient arrivés pour Louis XIV. Vauban le réalisa pourtant en partie; c'est ce que nous allons examiner, en adoptant un ordre logique plutôt que chronologique.

LES CANAUX DU NORD.

Le triangle compris entre le plateau de l'Ardenne, le faible relief qui limite au nord le bassin de la Somme et la mer du Nord, triangle dont le sommet est vers Saint-Quentin, semble formé exprès pour recevoir des canaux. L'Escaut le draine en suivant une ligne qui formerait la hauteur du triangle; de nombreux affluents de la rive gauche, souvent voisins les uns des autres, apportent au fleuve les eaux d'un pays à peine ondulé et semblent disposés pour que la main de l'homme les fasse communiquer entre eux. Aussi de très bonne heure les routes d'eau furent-elles établies dans le riche pays de Flandre; Gand et Bruges étaient les grands centres industriels vers lesquels tout convergeait. Parmi les plus fréquentées se trouvait celle qui, par l'Escaut, communiquait avec la Hollande, puis, partant de Bruxelles par Bruges, Ostende, Nieuport,

---

(1) Voici la liste de quelques-uns de ces documents : Lettre sur la navigation des rivières de l'Aa et du Lys ; Calais, 1705. — Notes sur le canal de Neuf-Brisach, février 1699. — Projet du canal de Landau, octobre 1687. — Mémoire sur le canal du Languedoc, Paris, 1694. — Observations sur le canal de Neuf-Fossé, 1701. — Mémoire sur la Deule, 1704. — Mémoire sur la Sensée, 1703, etc. (Revue de géographie, juin 1884.)

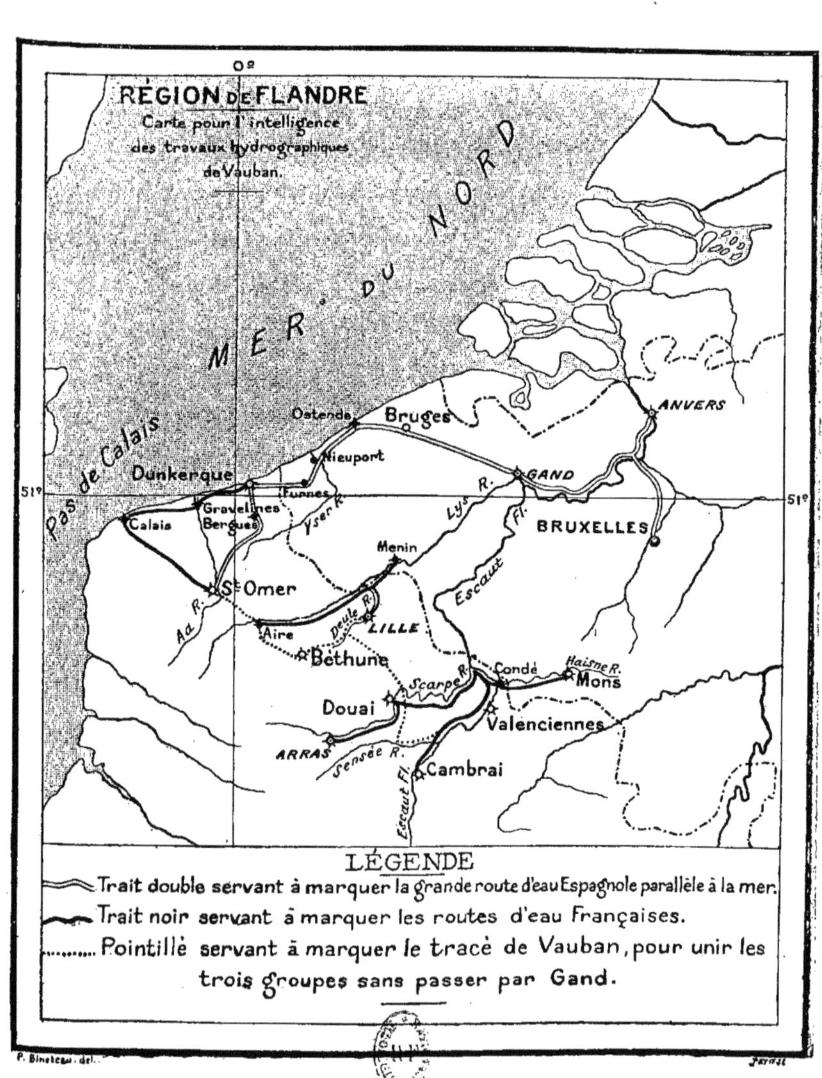
RÉGION DE FLANDRE
Carte pour l'intelligence
des travaux hydrographiques
de Vauban.
0º
MER DU NORD
Pas de Calais
ANVERS
Ostende
Bruges
Nieuport
GAND
Dunkerque
Furnes
Yser R.
Lys R.
Fl.
Calais
Gravelines
Bergues
BRUXELLES
Menin
Escaut
St Omer
Aa R.
Deule R.
LILLE
Aire
Béthune
Condé
Haisne R.
Mons
Scarpe R.
Douai
Valenciennes
ARRAS
Sensée R.
Escaut Fl.
Cambrai
51º
51º
LÉGENDE
Trait double servant à marquer la grande route d'eau Espagnole parallèle à la mer.
Trait noir servant à marquer les routes d'eau Françaises.
Pointillé servant à marquer le tracé de Vauban, pour unir les
trois groupes sans passer par Gand.
P. Bineteau. del.

Furnes et Dunkerque, aboutissait à Bergues, pour emprunter les eaux de la Colme et de l'Aa jusqu'à Saint-Omer et Gravelines. Cela constituait une fort belle voie fluviale, parallèle à la mer, fort utile aux provinces espagnoles, tant pour le commerce de la paix que pour les manœuvres de la guerre. Malheureusement, dès 1670 les Français la coupaient en s'établissant à Dunkerque.

Le gouverneur des Pays-Bas, marquis de Castel-Rodrigo, s'avisa alors de joindre Bergues à Furnes par un canal qui ne sortait point du territoire espagnol et reliait les deux tronçons séparés. Dunkerque en souffrit dans ses intérêts et demanda au roi de France l'établissement d'un canal qui la mit en relations directes avec Calais, sans passer par Saint-Omer, alors ville espagnole.

Vauban saisit cette occasion avec empressement : non seulement ce canal allait faciliter le commerce de la région ; mais encore des écluses allaient permettre d'inonder sous l'eau douce, moins dangereuse que l'eau de mer, les abords de la place qu'il se proposait de construire ; de vastes écluses de chasse, habilement disposées, en balayant le chenal, allaient permettre l'établissement d'un bassin à flot pour des vaisseaux de 50 canons et rendre possible le grand port de Dunkerque. Aussi 30,000 hommes de troupes travaillèrent à cet ensemble d'ouvrages ; le roi jugea convenable de venir pendant un mois encourager les travailleurs par sa présence.

La guerre de Hollande et la paix de Nimègue, complétant la frontière septentrionale de la France, firent disparaître les dernières enclaves espagnoles de Saint-Omer et d'Aire ; dès lors

Vauban se trouvait en présence de trois grands groupes isolés
de routes d'eau : 1º la ligne unissant Saint-Omer à Calais, Gravelines, Dunkerque ; 2º la Lys et la Deule servant à relier Aire,
Lille et Menin ; 3º l'Escaut, la Scarpe et la Haine, qui unissaient
Arras, Douai, Valenciennes, Mons et Condé. Ces trois groupes
venaient se réunir en un point commun ; mais c'était à Gand,
sur le territoire espagnol. Vauban entreprit de les relier entre
eux par une route absolument française.

Tout d'abord il songea à relier la Lys et l'Aa en se servant
du Neuf-Fossé. Ce dernier méritait fort peu ce nom à cette époque, car il avait été creusé en 1053 par le comte de Flandre pour
séparer cette province de l'Artois ; mais il servait fort bien les
plans de Vauban; il ne restait plus qu'à y amener de l'eau : c'est
ce qu'il fit en y détournant les eaux de l'Aa près du hameau
d'Halines, à deux lieues au-dessus de Saint-Omer. On pouvait
désormais aller par eau de Dunkerque à Lille.

Restait maintenant à joindre la Lys et l'Escaut sans sortir du
territoire français. Le travail avait déjà été ébauché. La Flandre
était un pays d'états, c'est-à-dire que ses affaires intérieures
étaient gérées par une sorte d'assemblée ou *états* de la province
qui avait une certaine liberté, une fois l'impôt entré dans les
caisses du roi. Or ces états avaient entrepris un canal de la Lys
à la Scarpe par la Deule, et de la Scarpe à l'Escaut par une dé-
rivation de la Sensée. Malheureusement il se trouvait que le
canal de la Sensée n'était pas navigable. Dès 1690, Vauban entreprit de le rendre tel, et si les travaux ne furent pas achevés (1),

____

(1) Ils ne le furent qu'en 1820.

l'état misérable des finances en fut la seule cause. Le même motif l'empêcha d'unir encore l'Escaut à la Lys par un canal de Lille à Tournai. Il fut fort marri de ne pouvoir achever son œuvre, qui aurait permis « à trente villes, autant de bourgs et mille villages d'un pays couvert de belles forêts, de riches cultures, de fabriques... d'échanger par ces routes peu coûteuses leurs nombreuses et utiles productions contre les denrées de la Belgique et de la Hollande, et contre les marchandises que les étrangers apportaient dans les ports de Gravelines, de Calais et de Dunkerque.

LE CANAL DU MIDI.

Nous avons déjà eu l'occasion de constater combien ce grand travail avait excité l'admiration des contemporains. Vauban était des plus enthousiastes. En 1684, il fut chargé par le roi de visiter le canal dans toute sa longueur, pour s'assurer s'il n'y avait point nécessité d'améliorations. Arrivé à l'immense réservoir de Saint-Ferréol : « Il manque pourtant quelque chose ici, dit-il aux personnes de sa suite, c'est la statue de Riquet (1). »

Et dans le silence du cabinet, parlant du canal du Midi, il déclarait que c'était « le plus grand et le plus noble ouvrage de ce genre qu'on eût encore entrepris, et qui pouvait devenir la merveille de son siècle, s'il avait été poussé aussi loin qu'on l'aurait pu mener... L'utilité d'un pareil travail, qui débouche par ses extrémités dans les deux mers et qui traverse par de très longs espaces les meilleurs pays du monde, est

(1) Pierre Clément, Vie de Colbert, t. I, p. 212.

inconcevable; et son invention aussi bien que celle des rigoles qui vont chercher les eaux si loin et par des pays si difficiles, seront à jamais dignes de l'admiration des gens même les plus éclairés en ces sortes d'ouvrages (1). »

Vauban prend soin de préciser ce qu'il reste à faire pour pousser le canal *aussi loin qu'on l'aurait pu mener* : il faudrait le prolonger par un canal latéral à la Garonne, partant de Toulouse pour aboutir à Moissac et même à la Réole. La rivière elle-même ayant trop peu d'eau en été, il faudrait profiter des étangs qui bordent la côte de Languedoc, y ménager une route d'eau jusqu'à Arles, et même la prolonger jusqu'au port de Bouc, à l'ouest du delta du Rhône; on se servirait pour cela des eaux de la Durance et du canal de Crapone. Une autre branche pourrait vers l'ouest se détacher d'Agde vers Perpignan et communiquer avec la mer par deux nouveaux ports, le premier à Saint-Hippolyte et le second au cap de la Franqué. Toulouse devait alors devenir le carrefour principal de ces routes d'eau.

En indiquant tous ces perfectionnements, en en commençant même les plans et devis, Vauban ne se faisait pas illusion sur le sort qui leur était réservé. On était déjà en 1691, et ce n'est pas sans mélancolie qu'il conclut par ces lignes: « Voilà un abregé de ce que j'ai pensé sur le canal de communication des deux mers, que j'ai mis par écrit, plutôt pour en conserver l'idée à ceux qui viendront après moi que pour aucune espérance que j'aie de les voir jamais exécuter. »

Si Vauban revenait maintenant sur terre, il verrait que son

____

(1) *Oisivetés*, t. I, Mémoire sur le canal de Languedoc.

Canal des Deux-Mers et port de Cette.

idée a été conservée et en grande partie exécutée. Le canal latéral à la Garonne qu'il réclamait a été creusé et conduit même au delà de la Réole, jusqu'à Castets, où commence à se faire sentir l'influence de la marée. Le canal des Étangs existe et va rejoindre le Rhône par le canal de Beaucaire, tandis que la navigation tranquille de la Saône, celle du Doubs et de ses affluents, étendent ce système de navigation jusqu'au pied du Jura et des Vosges, à travers les fertiles plaines de la Bourgogne et de la Franche-Comté. Mieux encore, on songe à approfondir le canal de façon à permettre aux navires d'un assez fort tonnage « de passer et repasser d'une mer à l'autre sans rompre charge », ainsi que le réclamait Vauban.

LIAISON ENTRE LE MIDI ET LE NORD.

Dans la pensée du grand ingénieur, il ne suffisait pas de donner au Nord et au Midi un réseau local de voies navigables, il fallait au moins réunir le grand réseau du Midi avec le bassin de la Seine, et pour cela mettre cette rivière en communication avec la Saône.

L'idée première de cette jonction était fort ancienne. Déjà, à l'époque d'Auguste, Strabon remarquait la facilité des charrois entre les deux bassins de la Seine et du Rhône. Dès le XVIᵉ siècle, Adam de Crapone avait projeté un canal unissant la Saône et la Loire par la dépression de la Bourbince. Vauban, tout en reconnaissant « cette direction comme donnée par la nature », persistait à en rechercher une plus directe, celle de l'Ouche, petit affluent de la Saône qui, après avoir creusé sa vallée dans la Côte-d'Or, passe à Dijon et prend sa source

dans le voisinage de l'Armançon, le principal affluent de
l'Yonne. Ce projet avait déjà été étudié sous Henri IV ; mais
les avis avaient été fort partagés sur le choix du bief de partage, c'est-à-dire sur l'emplacement du réservoir général. Les
uns voulaient le placer près de Pouilly ; mais la difficulté d'y
franchir le talus faisait paraitre ce tracé impraticable ; d'autres
le reportaient alors au nord-est vers Sombernon, et quelques-
uns proposaient même d'utiliser un petit affluent de l'Armançon,
l'Oze, et le Suzon qui se joint à l'Ouche précisément à Dijon.
Vauban étudia de très près tous ces projets et se prononça
formellement pour le premier. Ici encore la postérité lui donna
raison, puisque c'est précisément la voie suivie par le canal
actuel de Bourgogne achevé en 1834 : on a triomphé des difficultés naturelles en creusant le souterrain de Pouilly, long de
3,333 mètres.

Vauban projetait encore un canal parallèle au Rhin, dirigé
d'Huningue à Landau par Neuf-Brisach et Strasbourg. Ce
canal avait l'avantage de former en avant des Vosges une seconde ligne de défense et de rendre les transports indépen-
dants des crues du fleuve, des péages étrangers et aussi, en
temps de guerre, du feu des postes ennemis de la rive droite.
Le canal du Rhône au Rhin, long de 363 kilomètres, n'est autre
chose que l'exécution partielle du plan de Vauban. Il est cruel
pour des Français de songer que 170 kilomètres de ce canal
sont entre des mains allemandes depuis la funeste guerre
de 1870 ; il est un but suprême que doit se proposer notre jeunesse studieuse : recouvrer quelque jour cette terre si française par les monuments... et par le souvenir !

CHAPITRE VI.

VAUBAN GÉOGRAPHE.

Ces travaux, en conduisant Vauban sur tous les points de la
France, devaient forcément en faire un géographe. Leur nature
même l'obligeait souvent à des descriptions purement géogra-
phiques. Voici pour exemple le début de son mémoire sur la
fortification de Briançon : « C'est une petite ville du haut Dauphiné, sur la rencontre de trois principales vallées, savoir : celle
de Briançon à Embrun, celle du Monestier où est le chemin de
Grenoble par les monts de Lans et du Lautaret, et celle des
Prés où est celui de Pignerol et de Suze par le mont Genèvre. »
Voilà de la géographie militaire ; voici maintenant la géographie descriptive : « Les rues sont fort étroites, les entrées difficiles, et toute la ville mal bâtie et tellement inégale qu'il n'y
a pas de charrois.... A l'égard de la campagne, on ne trouve
rien de plus inégal : ce sont des montagnes qui touchent aux
nues et des vallées qui descendent aux abimes. » Veut-on
maintenant de la géographie économique ? « Les trois vallées
sont fort peuplées, fertiles et bien cultivées par l'extrême soin
des habitants, gens laborieux et qui ont l'industrie de tirer les
eaux de loin et de les conduire par des pentes réglées le long
du penchant des montagnes, d'où ils les distribuent sur leurs

prés et leurs blés à propos... Ce qui ne fait pas cependant que le pays produise assez de blé pour la nourriture des habitants, parce qu'ils sont fort nombreux et le pays, capable de culture, petit et resserré ; c'est pourquoi ils sont obligés de tirer d'ailleurs pour pouvoir achever leur année, et c'est ce qui fait que la plus grande partie sortent de chez eux pendant l'hiver et se répandent par les provinces du royaume, où ils vont négocier et travailler de leurs métiers..... Ce sont de ces gens que l'on voit rôder par les pays sous le nom de Savoyards, la malle sur le dos, ou en ramoneurs de cheminée, ou en appareilleurs de chanvre... Ce négoce, tout petit qu'il paraisse, ne laisse pas d'être fort considérable en général par la quantité de gens qui s'en mêlent et d'apporter beaucoup d'argent dans le pays. »

Voilà de la géographie bien comprise. Il serait facile de multiplier les citations de ce genre ; je me bornerai à donner encore celle où Vauban fait la description de son pays de naissance :

« L'élection de Vézelay est de la province de Nivernais, de l'évêché d'Autun, de la généralité et ressort de Paris, et la ville de Vézelay du gouvernement de Champagne. Elle est bornée au nord par l'élection de Tonnerre, à l'est par le duché de Bourgogne, à l'ouest par les élections de Nevers et de Clamecy, et au sud par celle de Château-Chinon. »

Après ce préambule de géographie administrative, l'auteur cont nue : « C'est un terrain aréneux et pierreux, en partie couvert de bois, genêts, ronces, fougères et autres méchantes épines, où on ne laboure les terres que de six à sept ans l'un ;

encore ne rapportent-elles que du seigle, de l'avoine et du blé
noir pour environ la moitié de l'année de leurs habitants, qui,
sans la nourriture du bétail, le flottage et les coupes de bois,
auraient peine à subsister...

« Dans le bon pays, les terres sont fortes et spongieuses, chères
et difficiles à labourer : celles qui le sont moins sont pierreuses et
pleines de lozes ; c'est une espèce de pierres plates dont on couvre
les maisons, qui sont fort dommageables dans les terres où
elles se trouvent... parce que les rayons du soleil, venant à péné-
trer le peu de terre qui les couvre, échauffent tellement la
pierre qu'elle brûle les racines des blés qui se trouvent au-
dessus et les empêchent de profiter...

« Les deux rivières d'Yonne et de Cure sont les plus grosses
et peuvent être considérées comme les nourrices du pays, à
cause du flottage des bois... Les petites rivières de Cuzon, de
Brangeame, d'Anguisson, du Goulot, d'Armanée, sont aussi de
quelque considération pour le flottage des bois. Il y a encore
plusieurs autres ruisseaux moindres que ceux-là, qui font
tourner les moulins... On en pourrait faire de grands arrose-
ments qui augmenteraient de beaucoup la fertilité des terres et
l'abondance des fourrages...

« Les vaches y sont petites, et six ne fournissent pas tant de
lait qu'une de Flandres ; encore est-il de bien moindre qualité.
Il y vient très peu de chevaux... la brebiaille y profite peu,
parce qu'elle n'est point soignée ni gardée en troupeaux par
des bergers intelligents... Il y aurait assez de gibier et de
venaison, si les loups et les renards, dont le pays est plein, ne
les diminuaient considérablement... Les mêmes loups font

encore un tort considérable aux bestiaux, dont ils blessent et mangent une grande quantité tous les ans, sans qu'il soit guère possible d'y remédier, à cause de la grande étendue des bois dont le pays est presque à demi couvert (1). »

Vauban ne s'est pas renfermé dans la géographie de la France, il en est sorti pour exposer ses idées en matière de colonies. Elles nous feraient peut-être sourire de nos jours, après des travaux tels que ceux de Paul Leroy-Beaulieu, ou encore ceux qui ont été publiés sous la direction de M. Rambaud. Elles n'en ont pas moins pour leur époque le mérite de l'originalité et aussi d'une division claire et méthodique, sinon exacte.

L'auteur du *Moyen de rétablir nos colonies d'Amérique* (2) adopte pour les colonies en général une triple division : *colonies forcées, colonies de hasard, colonies de raison.*

Les *colonies forcées* « furent composées de gens que leurs crimes ou les mauvais traitements de leurs concitoyens obligèrent à la fuite. » Caïn dans son exode, Assour, chassé de Babylone par Nemrod, Enée, Didon en sont d'illustres, mais il faut bien ajouter très peu authentiques exemples. Il est vrai de dire qu'ils étaient tenus pour bons et valables au XVIIᵉ siècle ; cela n'empêche pas que Vauban parait se hasarder beaucoup en ajoutant sans preuve : « Plusieurs milliers d'autres, pour de pareilles et semblables causes, ont quitté les pays de leur naissance pour se dérober à la vengeance de leurs persécuteurs... C'est, à mon avis, ce qui a produit

<hr>

(1) Description géographique de l'élection de Vézelay, *Oisivetés,* t. II.
(2) Publié en 1842 par le colonel Augoyat.

les premières peuplades détachées du gros des hommes. »

Les *colonies de hasard* « ne sont arrivées qu'après l'invention de la navigation. » A la suite de naufrages, plusieurs en réchappèrent, et parmi eux « des femmes qui ont donné lieu à plusieurs peuplades. Il y a *grande apparence* que plusieurs iles ont été habitées de la sorte, et que les premiers peuples d'Amérique y ont été transportés de cette façon. » On voit que Vauban n'y entend point malice, et que pour tant faire que de se lancer dans le domaine de l'hypothèse, il admet la plus simple. En 1744, dans son livre sur le Canada, le Père Charlevoix nous apprend qu'il y avait encore diversité de vues au sujet de l'origine probable des Américains, quelques-uns voyant des Frisons dans les ancêtres des Américains, tandis que d'autres, en bons Français, tiennent pour les Gaulois. Le Père Kirker opine pour les Egyptiens, un autre pour les Phéniciens, tandis que le jésuite espagnol Joseph de Acosta estime que ce sont des Asiatiques dont le passage s'est fait par le nord de l'Asie ou par les terres qui sont au sud du détroit de Magellan.

Les *colonies de raison* ont été faites « par délibération de conseil, les unes pour se décharger d'une partie de leurs peuples, quand les pays ne pouvaient plus les nourrir », les autres par simple ambition. Les Phéniciens et les Egyptiens en furent les inventeurs. Ici Vauban se trompe en parlant des Egyptiens, qui furent le peuple le plus casanier de l'antiquité, laissant aux Phéniciens le monopole de leur commerce ; mais où il est dans le vrai, c'est quand il constate qu'après avoir été « comme assoupie près de mille ans », cette méthode s'est renouvelée « par les Espagnols, Portugais, Français et Anglais, qui ont rempli une grande partie de l'Amérique et des Indes. » En parlant du Canada, de la Louisiane et de Saint-Domingue, c'est avec raison qu'il pousse ce cri d'alarme : « Si le roi ne travaille pas vigoureusement à l'accroissement de ces colonies, à la première guerre qu'il y aura avec les Anglais, nous les perdrons, et pour lors n'y reviendrons jamais, et nous n'aurons plus en Amérique que la part qu'ils nous en voudront bien faire. »

Vauban n'a été que trop bon prophète ; mais l'opinion publique n'attachait alors qu'une faible importance aux colonies. Est-elle beaucoup mieux éclairée aujourd'hui?

CHAPITRE VII.

VAUBAN ÉCONOMISTE.

Les colonies sont un terrain commun où se rencontrent souvent le géographe et l'économiste : c'est donc par une pente insensible et pour ainsi dire forcée que nous sommes amenés à considérer Vauban sous ce nouveau point de vue.

C'est d'ailleurs le propre des âmes ardentes et généreuses de s'indigner des maux de l'humanité et d'en chercher le remède. Avec la charité pour les souffrances particulières et son amour pour le bien public, Vauban devait fatalement tourner son inépuisable activité vers ce genre d'études. « Dans tous ses voyages, nous dit Fontenelle, il avait une curiosité dont ceux qui sont en place ne sont communément que trop exempts. Il s'informait avec soin de la valeur des terres, de ce qu'elles rapportaient, de la manière de les cultiver, des facultés des paysans, de leur nombre, de ce qui faisait leur nourriture ordinaire, de ce que pouvait leur valoir en un jour le travail de leurs mains détails méprisables et abjects en apparence, et qui appartiennent cependant au grand art de gouverner (1) », et aussi à l'économie politique, faut-il ajouter. Mais Fontenelle ne pouvait employer ce mot, car il n'était pas encore en usage.

(1) Fontenelle, Éloge de Vauban..

Vauban fut en effet, sinon le créateur, du moins l'un des pré-curseurs de cette science toute moderne qui, par définition, s'occupe de la *richesse* d'une nation ; en recherche les causes en même temps que les moyens de l'augmenter, et par cela même est appelée à étudier l'organisation de la société. Vauban n'y a pas manqué, bien que sans s'être tracé de plan scientifique, mais obéissant plutôt à une sorte d'instinct. C'est ainsi qu'il s'élève contre la noblesse, et surtout contre la façon dont elle est con-férée : « Dans les siècles un peu reculés, dit-il, la noblesse était le prix d'une longue suite de services importants, et la récom-pense de la valeur et du sang répandu pour le service de l'État... Aujourd'hui, on n'y fait pas tant de façons : ce qui faisait la juste récompense des grandes actions et du sang versé pendant plusieurs années de service, se donne présentement pour de l'argent. » On voit que « les sous-commis de ministres et secré-taires d'État, même leurs domestiques et autres gens de pareille étoffe obtiendront plus facilement la noblesse que le plus brave et le plus honnête homme du monde qui n'aura pas de quoi la payer. » Conclusion : il suffit d'avoir de l'argent pour « être noble comme le roi (1) ». Sans doute Vauban se méprend en-tièrement sur les origines de la noblesse, quand il y voit unique-ment une récompense du courage militaire, une sorte de hié-rarchie artificielle créée par « nos premiers rois » pour récom-penser le mérite ; il ne voit pas le rôle joué par la possession de la terre dans la formation du régime féodal, non plus que la grande division en terres dominantes et en terres dominées :

(1) Mémoire de Vauban sur la noblesse.

il faut néanmoins lui savoir gré de cette protestation contre la
noblesse par lettres, conférée avec tant de prodigalité par mesure
fiscale, la plus nombreuse et trop souvent la plus remplie de
morgue sous l'ancien régime.

Cette protestation devait d'ailleurs demeurer sans effet : avant
même la funeste guerre de la succession d'Espagne, la France
était ruinée. Il fallait faire argent de tout, et la situation était
des plus misérables.

L'histoire, telle qu'on l'a longtemps enseignée, et telle que
trop souvent encore on l'enseigne dans nos écoles, semble n'être
qu'un vaste panorama où défilent des tableaux de batailles.
C'est ainsi que l'habitude est prise de dire, en parlant du règne
de Louis XIV : le grand règne, et en parlant du prince : le grand
roi. On se laisse éblouir par les victoires du début au point
d'oublier les défaites de la fin : les lettres brillèrent alors d'un
tel éclat qu'elles illuminent tout le siècle. Il est pourtant quelque chose qu'on oublie de se demander : c'est ce qu'a coûté toute
cette gloire ; et quand on voit le cortège de misères qu'elle
entraîne derrière elle, on est forcé de se dire : heureux les peuples qui n'ont pas d'histoire. Selon l'expression de Voltaire,
« on périssait de misère au bruit du *Te Deum*. » Chacun a lu la
description du paysan sous Louis XIV par La Bruyère, de ces
« animaux farouches » qui, par un labeur opiniâtre, « méritent
de ne pas manquer de ce pain qu'ils ont semé (1) ». Ce portrait
n'est pas de fantaisie. Un historien et admirateur de Colbert
fait cet aveu : « Jamais, il est triste de le dire, la condition des
habitants des campagnes n'a été aussi misérable que sous le

(1) La Bruyère, Caractères, livre XI.

règne de Louis XIV, *même pendant l'administration de Colbert* (1) » ; et un peu plus loin il ajoute qu'une partie de la population rurale « était exposée, une année sur trois, à vivre d'herbes, de racines et d'écorces d'arbres, ou à mourir de faim. » Mais écoutons Vauban : « Tout ce qui s'appelle bas peuple ne vit que de pain d'orge et d'avoine mêlées, dont ils n'ôtent pas même le son... ils se nourrissent encore de mauvais fruits, la plupart sauvages, et de quelque peu d'herbes potagères de leurs jardins. » Tous ces gens-là boivent rarement du vin et ne mangent pas trois fois de la viande en un an. Les trois quarts « ne sont vêtus, hiver et été, que de toile à demi pourrie et déchirée, et chaussés de sabots dans lesquels ils ont les pieds nus toute l'année (2) ». Conséquence naturelle : affaiblissement de la race et aussi dépopulation.

Les mémoires des intendants, composés de 1697 à 1699 par ordre de Louis XIV et sur les conseils de Vauban, pour l'instruction du duc de Bourgogne, donnent, au sujet de cette dépopulation, les détails les plus précis et tellement désespérants que le roi jugea à propos d'en interrompre brusquement la publication. En 1693, Fénelon écrivait au roi : « Vos peuples meurent de faim. La culture des terres est presque abandonnée. Les villes et les campagnes se dépeuplent. Tous les métiers languissent et ne nourrissent plus les ouvriers. Tout commerce est anéanti. La France entière n'est plus qu'un grand hôpital désolé et sans provision. »

(1) Description géographique de l'élection de Vézelay, *Oisivetés*, t. II.
(2) Lettre d'un gentilhomme français sur l'établissement d'une capitation générale en France.

En 1695, la situation est encore aggravée. « La campagne est
presque déserte : une infinité de gens sont morts de faim, de
misère, de maladies populaires. Les villages sont détruits et
abandonnés ; la plus grande partie des laboureurs et des artisans sont à la mendicité (1). »

Mais Vauban surtout résume dans une page éloquente le triste
état de la France : « J'ai fort bien remarqué que, dans ces derniers temps, près de la dixième partie du peuple est réduite à
la mendicité et mendie effectivement ; que des neuf autres parties, il y en a cinq qui ne sont pas en état de faire l'aumône à
celle-là, parce qu'eux-mêmes sont réduits, à très peu de chose
près, à cette malheureuse condition ; que des quatre autres
parties qui restent, les trois sont fort malaisées et embarrassées
de dettes et de procès ; et que dans la dixième, où je mets tous
les gens d'épée, de robe, ecclésiastiques et laïques... on ne peut
pas compter sur cent mille familles ; et je ne croirai pas mentir
quand je dirais qu'il n'y en a pas dix mille, petites ou grandes,
qu'on puisse dire être fort à leur aise ; et qui en ôterait les
gens d'affaires, leurs alliés et adhérents couverts et découverts,
et ceux que le roi soutient par ses bienfaits, quelques marchands,
etc... je m'assure que le reste serait en petit nombre (2). »

Or, d'où provenait cet excès de misère ? On peut lui attribuer
deux causes principales : d'abord le système même de l'impôt
avec sa répartition et sa perception, ensuite les idées écono-
miques qui sont le fond du système de Colbert. C'est la gloire

<hr>

(1) P. Clément, Colbert, p. 278.
(2) Vauban, Dîme royale, préface.

de Vauban d'avoir indiqué nettement ces causes, et surtout de les avoir combattues.

De nos jours, il n'existe pas de privilège en matière d'impôts. Chacun paie en proportion de sa fortune, tout au moins pré-sumée. Il n'y a que l'indigent constaté qui ne soit pas inscrit au rôle des contributions chez le percepteur. Il n'en allait pas ainsi avant la Révolution. Le gros des revenus de l'État était fourni par *la taille* ou impôt sur les terres; et plus on était riche, moins généralement on payait (1).

Chaque année, à tour de rôle, un certain nombre des plus aisés de la paroisse, sous le nom de collecteurs, étaient chargés de recouvrer l'impôt dont ils étaient responsables.

Cela donnait lieu à d'étranges abus. Un intendant de Bourges signale en 1666 la condamnation d'un collecteur à 56 francs de dépens pour un déficit de six livres dix sous (2). Colbert en 1680 est forcé de reconnaître qu'il s'est toujours glissé une infinité de friponneries dans ces frais.

On devine que la tâche des collecteurs était fort ingrate. Aussi, « quelque nombre qu'ils soient, dit un contemporain, ne la veulent-ils faire que tous unis ensemble et marchant par les rues conjointement. » Comme il y a toujours retard sur l'année précédente, « on voit les collecteurs de l'année présente marcher, ou plutôt *saccager* d'un côté, pendant que ceux de l'année précédente en usent de même d'un autre ». Cela finit par former « une espèce d'armée qui pendant une année entière

(1) Voir Colbert, p. 41 et suivantes.
(2) Depping, Correspondance administrative, t. III, p. 156.

perd son temps à battre le pavé, sans presque rien recevoir que mille injures et mille imprécations (1).

Comme il faut pourtant que la taille soit payée, « on amène alors les bestiaux de la paroisse en général, sans s'informer si ceux à qui ils appartiennent en particulier ont payé leur taille ou non, ce qui est fort indifférent (2) ». On procède ensuite à la vente.

Aussi Boisguilbert dit-il pour conclure : « Si les démons avaient tenu conseil pour aviser aux moyens de damner et de détruire tous les peuples du royaume, ils n'auraient rien pu établir de plus propre à arriver à une pareille fin » (3).

C'est contre cette taille, « en toute manière accablante à un point qui ne se peut exprimer (4) », que Vauban a écrit son beau livre de la *Dîme royale.*

Dès le début, il repousse avec énergie tout privilège en matière d'impôts.

Il pose en principe qu'un Etat ne peut se soutenir que si tous les sujets le soutiennent, d'où il résulte premièrement : « une obligation naturelle aux sujets *de toutes conditions* de contribuer à proportion de leur revenu ou de leur industrie, *sans qu'aucun d'eux s'en puisse raisonnablement dispenser* ». Deuxièmement : « que tout privilège qui tend à l'exemption de cette imposition *est injuste et abusif* » (5).

<hr>

(1) Boisguilbert, Détail de la France, p. 176 et suivantes.
(2) Boisguilbert, *loc. cit.*
(3) *Idem*, p. 254.
(4) Dîme royale, préface.
(5) *Idem.*

C'est net et précis; mais pour accomplir une pareille réforme, il ne fallait rien moins que la Révolution.

Pour remplacer la taille, Vauban propose un impôt du vingtième sur toute source de revenus qu'il divise en trois grandes classes: 1° la grosse *dîme* perçue sur tous les produits agricoles indistinctement ; 2° le vingtième perçu sur tous les revenus de *l'industrie* et du *commerce*; 3° le vingtième perçu sur le *revenu* proprement dit, c'est-à-dire sur les gages, pensions, rentes, locations, etc.... A cela il joignait le sel imposé à raison de 18 livres le minot (1). Tout cela devait fournir chaque année à l'État 116,822,500 livres, ce qui, joint au produit du domaine, lui semblait suffisant pour les temps ordinaires.

Ce nom de dime (dixième) appliqué à un impôt du vingtième semblerait bizarre, si l'on ne remarquait que Vauban, dans la prévision de temps difficiles, établit la possibilité de le pousser jusqu'au dixième par une série de dix augmentations de 9,882,250 livres chacune, de telle sorte qu'après la première le revenu net serait 126,704,750 livres, après la seconde 136,587,000, et ainsi de suite jusqu'à la dixième, qui fournirait 215,645,000 livres, soit environ le double du premier revenu, c'est-à-dire un impôt du dixième ou dime. Toutefois il fait remarquer que : « le premier de ces revenus est *bon*, le second *très bon*, le troisième *fort*, le quatrième *très fort*, le cinquième *trop fort*, ainsi que tous les autres jusqu'au dixième et dernier (2) ».

Il faut reconnaitre que le système de Vauban offre bien des difficultés dans l'application. Tout d'abord la grosse dime se

(1) Le minot équivaut à 39 litres 36 centilitres.
(2) Table annexée au début de la seconde partie de la Dime royale.

paie en nature, et l'État peut se trouver embarrassé de cette accumulation de denrées dont il ne saura que faire ; de plus, il est difficile de constater le *revenu* exact des particuliers. Vauban propose bien des pénalites sévères, telles que la confiscation de toute partie de revenu dissimulée par la déclaration, et le chiffre d'imposition porté dans ce cas au double ; de plus, la valeur mobilière était loin d'avoir pris le développement qu'elle a maintenant : tout cela n'empêche pas les difficultés de rester sérieuses, et l'auteur du système se fait un peu illusion quand il en énumère ainsi les avantages : « Cette manière de lever la taille aurait toujours une proportion naturelle au revenu des terres, sans qu'elle pût être altérée ni par la malice et par la passion des hommes, ni par le changement des temps. » Il montre les peuples délivrés de « toutes les vexations et avanies des collecteurs, des receveurs des tailles et de leurs suppôts, et tout ensemble des misères où les réduit la perception des aides comme elles se lèvent (1) ». Certes il y a du vrai dans cette affirmation ; ce système eût été moins oppressif que celui en usage ; mais l'âge d'or ne serait pas encore revenu sur la terre. Vauban jugeait les autres d'après lui-même : il était trop disposé à croire tous les hommes bons et honnêtes !

Nous avons exposé plus haut cette doctrine que Colbert proclamait *universelle* et *fondamentale* (2). Vauban était d'un autre avis. « La vraie richesse d'un royaume, dit-il, consiste dans *l'abondance des denrées*, dont l'usage est si nécessaire au sou-

(1) Dime royale. Etude du premier fonds.
(2) Colbert, p. 52.

tien de la vie des hommes qui ne sauraient s'en passer (1) ».

Ce qu'il faut rechercher, ce sont ces denrées. Loin de les empêcher de venir de l'extérieur, il faudra donc les attirer. C'est ainsi que logiquement le principe énoncé par Vauban conduisait à la suppression des entraves apportées au commerce des grains. Sans doute il ne pousse pas jusqu'à cette conséquence, mais d'autres la tireront pour lui; ce seront les *physiocrates* et l'école économique du XVIIIe siècle, dont Vauban peut à bon droit passer pour le précurseur avec un autre grand esprit, malheureusement peu connu : Boisguilbert (2).

Et cependant « Pierre le Pesant de Boisguilbert fut en quelque sorte l'initiateur de Vauban. Lieutenant général civil au bailliage de Rouen, il avait publié un livre intitulé : *Le Détail de la France*. Dix ans avant l'apparition de la *Dîme royale*, il avait écrit cette phrase : « *L'institution* (l'essence) *de l'impôt est d'être porté également par tout le monde à proportion de ses facultés* (3) ». Le premier il osa critiquer le système de Colbert. Or il semble que Vauban ait commencé par être des partisans de ce système.

Dans son mémoire sur la défense de Paris, Vauban écrit cette phrase significative : « La dépense de ces ouvrages n'est pas ce qui doit en rebuter le roi, *puisqu'il ne sortira pas une pistole du royaume* ». On voit qu'il s'agit bien ici de garder le métal précieux.

(1) Dîme royale. Début du projet.

(2) Lire à ce propos le très complet travail de M. Félix Cadet : Pierre de Boisguilbert. Paris, Guillaumin. C'est en parlant de ce livre que M. Volowski disait : « Boisguilbert y revit tout entier ».

(3) Détail de la France, p. 178.

A quel moment a été écrite cette phrase ? c'est ce qu'il est facile de préciser. Vauban écrit en effet dans le même mémoire : « Il ne m'a point paru de jour propre à faire de pareilles ouvertures par le grand nombre d'ouvrages plus pressés qui ont occupé le roi, *tant sur la frontière qui a toujours remué depuis vingt-deux ans en çà* que par les bâtiments royaux qu'il a fait faire ». C'est à partir du traité d'Aix-la-Chapelle en 1668 que la frontière a commencé à *toujours remuer* ; joignez-y les 22 ans indiqués par Vauban, et vous trouvez qu'à la date de 1690 il partageait l'erreur économique de Colbert.

En 1695, Vauban reniait cette erreur. La dîme royale était en projet ; car, dans une lettre qu'il écrit à cette date pour accompagner l'envoi d'un mémoire sur la capitation, il écrit : « Je ne vois qu'une chose qui puisse être meilleure que cela, ce serait une dîme royale sur tous les revenus, quels qu'ils puissent être ».

Mais ce n'était encore qu'un projet ; « la préface et le gros de l'ouvrage ont été faits en l'année 1698, immédiatement après le traité de Ryswik », nous dit Vauban dans une note, dès le début de la *Dîme*.

Or, dans l'intervalle, il avait lu le *Détail de la France*, paru en 1695. En 1696, il avait eu une entrevue avec l'auteur, ainsi que le prouve cette lettre de Boisguilbert à Vauban du 22 août 1704 : « Je vous demande, s'il vous plaît, deux heures de votre temps que j'irai prendre secrètement au jour que vous aurez eu la bonté de me marquer, comme vous fistes *il y a huit ans* (1) ».

(1) Musée des archives, n° 916. Cité par M. F. Cadet, Pierre de Boisguilbert p. 56.

On voit que Vauban avait conçu de l'estime pour Boisguilbert
et demeurait en relations avec lui, malgré sa disgrâce. Le fait
est d'ailleurs confirmé par l'auteur anonyme des *Réflexions sur
le traité de la dîme royale.* « Je le scay, dit-il, de plusieurs de
ses amis qui l'ont vu souvent converser avec le sieur de B*** (1). »
Saint-Simon nous dit que Vauban « voulut entretenir Boisguilbert (2) ».

Vauban, d'ailleurs, ne cache pas son estime pour la sagacité
de son émule. Parlant de la cause de la misère en France, il
déclare dans la préface de la *Dîme royale* « qu'elle répondait
parfaitement à ce qu'en a écrit l'auteur du *Détail de la France,*
qui a développé et mis au jour fort naturellement les abus et
malfaçons qui se pratiquent dans l'imposition et la levée des
tailles, des aides et des douanes provinciales ».

Il est impossible, après cela, de nier que Boisguilbert n'ait eu
une grande influence sur Vauban, et qu'un reflet des idées de
l'humble magistrat de Rouen ne se retrouve dans l'œuvre du
maréchal de France ; mais de là jusqu'à contester à Vauban la
paternité de son œuvre, il y a un abîme ; c'est cet abîme qui a été
franchi par Voltaire.

Voltaire semble, en effet, apporter dans cette affirmation une
animosité étrange ; il la répète à tout propos. Dans le *Siècle de
Louis XIV* il écrit : « La dîme royale qu'on lui a imputée n'est
pas de lui, mais de Boisguilbert ». — Dans son *Dictionnaire
philosophique,* à l'article Agriculture, il écrit en parlant de l'En-
cyclopédie : « On suppose toujours que le maréchal de Vauban

____

(1) Réflexions sur le traité de la Dîme royale, 1re partie, p. 4.
(2) Mémoires, t. V, p. 364.

est l'auteur de la *Dîme royale,* c'est une erreur ». A l'article État :
« M. de Boisguilbert, auteur du *Détail de la France,* imprimé en
1695, donna le projet inexécutable de la dime royale sous le nom
du maréchal de Vauban ». Dans la Lettre à l'homme aux quarante écus, il dit, en parlant d'un ouvrage du temps : « Il cite la
Dîme du maréchal de Vauban, et il ne sait pas qu'elle est de
Boisguilbert ».

On ne s'explique guère cet acharnement, auquel les faits
donnent pourtant un si éclatant démenti, ainsi qu'il est facile de
s'en convaincre au chapitre suivant.

CHAPITRE VIII.

LA DISGRACE DE VAUBAN. — SA MORT.

Vauban se faisait peu d'illusions sur l'accueil réservé à son système. « Il déplaira aux uns, disait-il, parce qu'ils jouissent d'une exemption totale... et que ce système n'en souffre absolument aucune ; aux autres parce qu'il leur ôterait le moyen de s'enrichir aux dépens du public ;... aux autres enfin parce qu'il leur ôtera une partie de la considération qu'on a pour eux, en diminuant ou supprimant tout à fait leurs emplois, ou les réduisant à très peu de chose. » Puis il énumère tous ceux qu'il rencontrera comme adversaires : « MM. des finances », les fermiers généraux, les traitants ; « MM. du clergé... parce que le roi se payant par ses mains, il ne sera plus obligé de les assembler et de leur faire aucune demande », puis aussi parce que « la dîme royale dimant sur tout, dimera aussi la leur, ce qui pourra causer quelque chagrin tacite aux *plus élevés* » ; la noblesse, le corps des gens de robe, « parce que les émoluments de leurs charges se trouveront assujettis à la dîme royale comme les autres ; le peuple lui-même, « parce que toute nouveauté l'épouvante (1) ».

(1) Dime royale, chapitre VIII. Objections qui pourront être faites contre ce système.

Que reste-t-il avec Vauban ? seulement « l'approbation des véritables gens de bien et d'honneur, désintéressés et un peu éclairés (1) ». C'est là, malheureusement, une bien faible minorité dans un État; aussi l'auteur semble-t-il implorer les circonstances atténuantes, quand il termine son livre par ces paroles mélancoliques : « Je n'ai plus qu'à prier Dieu de tout mon cœur que le tout soit pris en aussi bonne part que je le donne ingénûment, et sans autre passion ni intérêt que celui du service du roi, le bien et le repos de ses peuples (2) ».

On voit qu'il fallait employer d'infinies précautions pour répandre le livre. Il fallait ne s'adresser au début qu'aux *gens de bien et d'honneur*, en un mot distribuer le livre sous le manteau, lui ménager d'abord une publicité restreinte et de chauds défenseurs, avant d'affronter le gros public. Mais il y avait quelque chose de plus difficile encore : l'imprimer (3).

Il était indispensable pour cela d'avoir l'autorisation royale, ou, comme on disait alors : un privilège.

Or l'obtention de ce privilège dépendait du chancelier Pontchartrain ou du lieutenant de police d'Argenson. Vauban savait qu'il n'avait rien à espérer des gens de robe.

Il ne pouvait songer à s'adresser à l'incapable Chamillart, qu'il savait opposé à ses vues, ni au roi lui-même, qui en ce moment critique était à la merci des gens de finance et devait les ménager.

(1) Dime royale, même chapitre.
(2) Dime royale, chapitre XI. Conclusion.
(3) Pour toute cette partie, voir de Boislile, la Proscription de la dime royale. Paris, Picard. 1875.

Il résolut donc de se passer de privilège et de faire imprimer la *Dîme* par une de ces imprimeries clandestines comme il y en avait tant alors. L'ouvrage fut imprimé *en feuilles* à Rouen, peut-être sous la surveillance de Boisguilbert.

Restait à le faire entrer à Paris. Ce n'était point chose aisée. Les ballots d'imprimerie seraient certainement visités à la barrière, l'absence de privilège constatée et les feuilles saisies. Vauban eut alors une idée hardie : il alla lui-même prendre livraison de l'envoi en pleine campagne, à quelque distance de Paris, plaça le tout dans son carrosse. Voyant passer l'équipage d'un maréchal de France, les commis s'inclinèrent très bas, n'eurent garde de faire la moindre visite, et le tout passa sans encombre.

Vauban s'assura alors le concours d'un relieur discret, et ayant porté chez lui les feuilles, il fit relier les exemplaires un par un, au fur à mesure du besoin, les distribuant lui-même à ses amis.

Il n'y a donc pas eu publication, au vrai sens du mot. Malgré tout, les exemplaires distribués se répandirent et se lurent avidement : il se fit autour d'eux beaucoup de bruit, les intéressés à l'ancien ordre de chose trouvant ces idées abominables et de tout point révolutionnaires. C'était le sort réservé, 60 ans plus tard, aux idées de Turgot.

« Il ruinait une armée de financiers, de commis, d'employés de toute espèce... C'était déjà de quoi échouer, nous dit Saint-Simon ; mais le crime fut qu'avec cette nouvelle pratique tombait l'autorité du contrôleur général, sa faveur, sa toute-puissance, et par proportion celle des intendants... de leurs secrétaires.

de leurs commis, de leurs privilégiés. Il n'est donc pas surprenant que tant de gens si puissants en tout genre, à qui ce livre arrachait tout des mains, ne conspirassent contre un système si utile à l'État, si heureux pour le roi, si avantageux pour les peuples du royaume, mais si ruineux pour eux (1). » La perte de Vauban fut donc résolue.

Mais le maréchal avait du crédit, il avait de puissants amis : il fut décidé qu'il serait frappé par derrière, sans pouvoir se défendre, et que la condamnation lui serait notifiée, avant même qu'il ait eu connaissance de l'instance dirigée contre lui.

Le 14 février 1707, la section du conseil du roi dite Conseil privé ordonna la saisie et la mise *au pilon* (2) de l'ouvrage : « Sur ce qui a été représenté au roi qu'il se débite à Paris un livre portant pour titre : *Projet d'une dîme royale*, imprimé en 1707, sans dire en quel endroit, *et distribué sans permission ni privilège*, dans lequel il se trouve plusieurs choses contraires à l'ordre et à l'usage du royaume (3). »

Entre l'arrêt et son exécution, il s'écoule plus d'un mois, et pourtant les ennemis de Vauban devaient être pressés d'agir ; mais, dans sa précipitation, Pontchartrain avait négligé une formalité essentielle ; il avait oublié de dire qui ferait les poursuites : or ces poursuites ne pouvaient se faire que là où le livre avait été imprimé. C'était précisément ce que l'on ignorait. Il aurait donc fallu faire une enquête, et Vauban aurait été prévenu. Pontchartrain, après avoir réfléchi, résolut de passer outre : on

(1) Saint-Simon, Mémoires.
(2) Ne pas lire, comme on le fait trop souvent, *au pilori*.
(3) Cité par M. Michel, Vauban, Paris, Plon, 1878.

decida, sans autre examen, que le livre avait été imprimé à Paris.
Dès lors les poursuites rentraient dans le ressort du lieutenant
de police, et le 14 mars parut un second arrêt *dans les formes*.

Ce fut le 24 mars que l'arrêt fut promulgué et aussitôt exécute.
Ce fut pour Vauban comme un coup de massue. Rien ne l'y avait
préparé. Sans doute il n'était pas désigné comme l'auteur
présumé du livre, mais chacun savait qu'il était de lui, c'était
le résultat des méditations de toute sa vie, il y était attaché
comme à un dernier-né venu sur le tard. Sombre, atterré, il fut
pris le même jour d'un violent accès de fièvre et s'alita. Il ne
devait plus se relever.

Dès le lundi 26, il sent que sa fin approche; comme un suprême
appel de l'injustice des hommes à la justice de Dieu, il remet un
exemplaire de la *Dîme* à son confesseur, le priant de lui donner
son avis sur l'œuvre. Le 30 au matin, il rendait le dernier
soupir, entre les bras de son gendre Mesgrigny.

Ainsi mourut ce grand homme. « Consumé de douleur et
d'une affliction que rien ne put adoucir, et à laquelle le roi fut
insensible, au point de faire semblant d'ignorer qu'il eût perdu
un serviteur si utile et si illustre. Il n'en fut pas moins célébré
par toute l'Europe, et par les ennemis même, ni moins regretté
en France de tout ce qui n'était pas financiers ou suppôts de
financiers (1). »

La postérité a accepté les yeux fermés ce sévère réquisitoire
de Saint-Simon, et, sans plus ample informé, elle a joint le nom
de Vauban à celui de Colbert, de Racine, de Louvois, pour

____

(1) Saint-Simon, *Mémoires*, t. V, p. 366.

compléter la liste des victimes que faisait un simple regard courroucé du roi soleil.

Que cela soit vrai pour Racine, passe encore ; pour Colbert et Louvois, c'est contestable ; pour Vauban, étant donné son caractère, c'est plus qu'improbable.

Tout d'abord il est bon de remarquer qu'il s'éteignit à l'âge de 74 ans et un mois : c'est déjà une belle vieillesse, surtout pour un homme qui a passé sa vie sur les chemins ou dans les camps, par tous les temps et par toutes les saisons.

Vauban était donc déjà bien vieux ; il était de plus fort cassé, s'il en faut croire cette lettre qu'il écrivait à Chamillart le 16 janvier 1706 : « Je suis présentement dans la 73e année de mon âge, chargé de 52 années de service et surchargé de 50 sièges considérables et de près de 40 années de voyages et visites continuelles, à l'occasion des places de la frontière ; ce qui m'a attiré beaucoup de peines et de fatigues de l'esprit et du corps, car il n'y a eu été ni hyver pour moi. Or il est impossible que la vie d'un homme qui a soutenu tout cela ne soit fort usée, et c'est ce que je ne sens que trop, notamment *depuis que le mauvais rhume qui me tourmente depuis 40 ans s'est accru* et devient de jour en jour plus fâcheux par sa continuité ; d'ailleurs, la vue me baisse et l'oreille me devient dure, bien que j'aie la tête encore aussi bonne que jamais. *Je me sens tout bas et fort affaibli* par rapport à ce que je me suis vu autrefois. »

Dans de pareilles conditions, le moindre ébranlement peut devenir funeste, le moindre malaise devenir fatal. Fontenelle, qui était neveu de Vauban, nous dit d'ailleurs positivement qu'il mourut « d'une fluxion de poitrine accompagnée d'une grosse fièvre (1) ».

D'ailleurs rien n'est moins prouvé que la prétendue disgrâce dont Louis XIV aurait frappé Vauban.

Sans doute Saint-Simon nous apprend que le roi « reçut très mal le maréchal de Vauban lorsqu'il lui présenta son livre..... ses services, sa capacité militaire unique en son genre, ses vertus.... tout disparut à l'instant de ses yeux. Il ne vit plus en lui qu'un insensé pour l'amour du public et qu'un criminel qui attentait à l'autorité de ses ministres, par conséquent à la sienne ». C'est alors que le malheureux maréchal « ne put survivre aux bonnes grâces de son maître », et mourut « *peu de mois après*, ne voyant plus personne (2) ».

Eh bien, Saint-Simon s'est laissé ici emporter par son tempérament d'artiste : il a voulu foncer les teintes sombres du tableau, il a réussi, mais en forçant le ton.

Dès 1699 la *Dîme royale* était achevée ; Vauban en faisait faire deux copies manuscrites et magnifiquement reliées, qu'il adressait, l'une au roi, l'autre à Chamillart. Il est impossible d'admettre qu'ils aient négligé de lire l'œuvre d'un homme aussi considérable que Vauban ; cela s'accommoderait mal avec l'humeur travailleuse de Louis XIV. Il ne semble pas cependant que le roi ni même le ministre aient donné à l'auteur le moindre signe de mécontentement. Bien au contraire, Vauban est en 1703 promu maréchal de France.

(1) Éloge de Vauban.
(2) Saint-Simon, Mémoires, *loc. cit.*

En 1704, il présente au roi un nouvel exemplaire de la *Dîme*, et sa haute faveur reste la même.

Les précautions mêmes dont s'entourent ses ennemis pour l'abattre démontrent qu'il a conservé tout son crédit.

Ce n'est pas en effet à la section dès dépêches et des finances, comme cela aurait dû se faire, qu'est déférée la *Dîme royale*. Cette section du conseil était toujours présidée par le roi. On s'adresse à la section du conseil privé présidée par le chancelier (Pontchartrain), *en l'absence du roi.*

Vauban n'est pas nommé dans l'arrêt, on n'exerce aucune poursuite contre lui.

Enfin, Dangeau est formel sur ce point : le roi, sachant Vauban à l'extrémité, lui envoya son médecin et en parla avec beaucoup d'affection, disant : « Je perds un homme fort affectionné à ma personne et à l'État (1) ».

Louis XIV était au fond si peu hostile à la dime royale qu'il l'établit à la fin de son règne (2).

Dès lors, pourquoi a-t-il abandonné Vauban à la fureur de ses ennemis ?

C'est qu'au lendemain des premiers désastres de la guerre de succession d'Espagne, il ne pouvait déjà plus se passer du concours des financiers. Il était à leur merci et il ne pouvait rien leur refuser. Il a laissé faire, mais il ne s'est pas associé à l'entreprise contre son vieux serviteur. C'est de la faiblesse, comme

(1) Dangeau, Journal, 29 mars 1707.
(2) Saint-Simon, Mémoires, t. IX, p. 4.

plus tard Louis XVI en montrera quand il faudra défendre Turgot.

Vauban n'a pas été brisé par l'orgueil de Louis XIV, il a succombé dans sa lutte contre une coalition d'intérêts.

CHAPITRE IX.

VAUBAN DEVANT L'HISTOIRE.

Le 1ᵉʳ avril, le corps du maréchal de Vauban fut porté à l'église Saint-Roch. Il y avait peu de monde à cette cérémonie funèbre. Paris renfermait trop de gens intéressés à ternir la mémoire de l'illustre défunt : le roi demeurait impassible, impénétrable ; la foule des courtisans craignait de se compromettre. Il s'agissait, d'ailleurs, d'une simple présentation ; Vauban avait décidé que sa dépouille mortelle serait confiée à la terre natale, suprême témoignage d'affection du petit orphelin devenu un des hommes les plus considérables du royaume.

Les voyages étaient longs à cette époque, et ce fut seulement le 16 avril que les funérailles se célébrèrent dans la modeste église de Bazoches. Les registres de la paroisse nous apprennent que 2,000 personnes suivirent le convoi. La reconnaissance des services rendus était vivace en province.

Paris prouva bientôt qu'il voulait réparer ses torts. L'oraison funèbre, qui n'avait pas été prononcée à l'église Saint-Roch, le fut dans les enceintes académiques : le 4 mai, Fontenelle, devant l'Académie des sciences, prononçait un magnifique éloge de Vauban. C'est l'honneur de cette compagnie que d'avoir ainsi bravé la puissance des manieurs d'argent : il est honorable pour le roi d'avoir laissé prononcer un discours qui, répondant peut-être à ses sentiments véritables mais cachés, ne faisait pas moins ressortir sa coupable indifférence.

Saint-Simon, dans ses Mémoires, parle maintes fois de Vauban, et toujours avec admiration. Il nous en a tracé un portrait saisissant de vérité. Il nous présente « Vauban, *le plus honnête homme de son siècle*, le plus simple, le plus vrai, le plus modeste ». Après avoir montré son extérieur « rude et grossier, pour ne pas dire brutal et féroce », il ajoute qu'on ne vit jamais « homme plus doux, plus compatissant, plus obligeant... respectueux sans nulle politesse, le plus ménager de la vie des hommes, avec une valeur qui prenait tout sur lui et donnait tout aux autres ». Il termine par cette réflexion qui paraît une cruelle satire à l'adresse des gouvernants : « Il est inconcevable qu'avec tant de droiture et de franchise, incapable de se porter à rien de faux ni de mauvais, il ait pu gagner au point qu'il fit l'amitié et la confiance de Louvois et du roi ».

Cette vénération pour un noble caractère alla toujours grandissant en France. Contrairement à l'usage, la gloire de Vauban se dégagea plus éclatante et plus pure de l'épreuve du temps. Au travers des révolutions et sous tous les régimes, son nom resta populaire.

Au comble de la puissance, au lendemain de la paix de Tilsitt, l'empereur voulut honorer la mémoire du premier ingénieur de la France monarchique, comme il avait honoré celle de son plus grand général. Il décida que le cœur du maréchal de Vauban

Tombeau de Vauban aux Invalides.

serait transporté sous la coupole des Invalides, à côté du tombeau de Turenne (1).

Un incident grotesque et peu connu préluda à la cérémonie.

Le sous-préfet d'Avallon avait été chargé de recueillir la relique. Accompagné d'un brigadier de gendarmerie, il s'était transporté à l'église Sainte-Hélène, avait rempli toutes les formalités voulues et avait enfermé le cœur de Vauban dans une boîte de plomb parfaitement scellée. Il avait confié la boîte à son compagnon, puis s'était rendu au château de Vauban, où l'attendait un brillant dîner offert par la famille. Le brigadier avait trouvé l'hospitalité à l'office. Pendant ce temps, le cœur du maréchal de Vauban, renfermé dans les fontes de la selle du gendarme, accompagnait le cheval à l'écurie.

Chacun se remit en route, enchanté, même le cheval, qui avait trouvé sa mangeoire abondamment remplie.

Pourtant, avant de rentrer en ville, le sous-préfet se souvint de sa mission et voulut se faire remettre le précieux dépôt. Horreur ! il avait disparu.

Le gendarme, au désespoir, mit pied à terre. Il parcourut ainsi, en fouillant chaque buisson, toute la route qui sépare Avallon du château de Vauban. Il rentra triste et honteux dans le château lui-même ; enfin il retrouva le cœur de Vauban... dans la mangeoire de son cheval ! Il courut en toute hâte annoncer la bonne nouvelle à son supérieur, qui n'avait osé regagner la sous-préfecture et qui errait tristement dans la campagne (2).

---

(1) Le cœur de Vauban avait, d'après son vœu, été renfermé dans une urne et déposé à l'église Sainte-Hélène de Saint-Léger.

(1) Voir Michel, Vauban, p. 429, note.

Après tant de vicissitudes, le cœur de Vauban arriva sans nouvel encombre à Paris. Le 26 mai 1808, eut lieu en grande pompe la translation aux Invalides.

Il faut bien le dire, l'exécution ne répondit pas à la grandeur de l'idée.

Sans doute il y eut un grand déploiemeut de troupes, l'école polytechnique en corps figura dans le cortège composé de toutes les notabilités militaires et de l'Institut; on vit même quatre pièces de canon qui figuraient celles que le dauphin avait données à l'illustre maréchal ; mais les discours furent ternes et froids. On y parla beaucoup des vivants, fort peu des morts. On daigna décerner quelques louanges à Vauban, mais on réserva la meilleure part à l'empereur. Le maréchal Lefebvre, duc de Dantzig, chargé de recevoir le cœur, déclara qu'il ne manquait plus rien à son bonheur, puisque *l'empereur* l'avait désigné pour une mission si honorable. On laissait entendre que le souverain avait voulu surtout honorer les vainqueurs de Dantzig par ce témoignage d'admiration pour le grand ingénieur. Une biographie sèche et sans intérêt, mauvais résumé qu'aurait pu faire un élève de collège, voilà la part de Vauban dans cette cérémonie organisée en son honneur.

Mais il a mieux que cette éloquence officielle et faite sur commande : il vit dans le souvenir des Français. Napoléon lui-même n'a-t-il pas dit que ses places fortes ont plusieurs fois sauvé la France ?

Il est peu de villes qui n'aient donné à quelqu'une de leurs rues ou de leurs places le nom de Vauban.

Un jour, on parlait à Lille d'une statue à élever à Dupleix (1). Vous avez mieux que cela, dit quelqu'un, vous avez Vauban.

Et l'inscription est toute trouvée. Saint-Simon l'a tracée à l'avance :

« Vauban, le plus honnête homme de son siècle. »

C'est la plus belle de toutes les louanges.

(1) La ville de Landrecies vient d'élever à Dupleix une statue inaugurée en septembre 1888.

TABLE DES MATIÈRES

TABLE DES GRAVURES